O TRABALHO PROTEGE

TRANSFORMANDO EMPRESAS COM UMA CULTURA DE SAÚDE MENTAL

jungle | great people | PRIMAVERA EDITORIAL

SUMÁRIO

PREFÁCIO

MANTENDO NOSSAS "FACULDADES MENTAIS": UMA HERANÇA DE CUIDADO E RESILIÊNCIA

No entrelaçado de histórias que compõem minha vida, uma das mais significativas pertence a uma mulher da qual eu carrego o mesmo nome: Maria de Lourdes. Minha avó, com sua sabedoria inata e experiência de vida, mesmo sem a terminologia clínica que temos hoje, entendia a gravidade e o valor da saúde mental. Quando a questionávamos sobre seus desejos mais profundos para a vida, sua resposta era transparente e direta: "Quero manter minhas faculdades mentais". Sem conhecimento de termos como burnout, ansiedade ou depressão, ela já sinalizava uma compreensão aguda da importância do equilíbrio mental.

Essa perspicaz visão de minha avó ecoou em mim de maneiras que só fui entender anos depois. Em 1999, fui diagnosticada com câncer de mama. O medo, a incerteza e a vulnerabilidade se tornaram minhas companheiras. No entanto, no meio desse cenário tumultuado, encontrei solidez e resiliência no trabalho. Foi no ambiente profissional que redescobri um refúgio e um propósito. Lá, eu não era apenas um diagnóstico; eu era a Lu Magalhães. O trabalho não só me ofereceu distração como também se tornou uma âncora, um espaço onde minhas "faculdades mentais" eram nutridas e protegidas. Ele me permitiu sentir e ser, em essência, eu mesma, reafirmando minha identidade e minha força em meio a uma das fases mais desafiadoras da minha vida.

Na esteira das memórias de minha avó e de minha própria jornada, deparo-me com uma transformação marcante na percepção do trabalho ao longo das gerações. O trajeto previsível de "estudar, trabalhar, aposentar-se" já não é a norma. As novas gerações, com visões e valores redefinidos, veem além dos contratos de trabalho tradicionais. Para elas, a promessa de flexibilidade, saúde e tempo livre traz uma importância sem precedentes, muitas vezes superando até mesmo a compensação financeira.

E percebo hoje, em um mundo pós-pandêmico, uma mudança significativa: o trabalho, que lá atrás me serviu de abrigo, tornou-se para muitos uma fonte de desequilíbrio. Onde perdemos a capacidade de vê-lo como um aliado, e não como um vilão?

Em um mundo corporativo dinâmico, a saúde mental vai além de simplesmente evitar distúrbios. Ela se torna a base para a resiliência e liderança eficaz. Assim como nas instruções de voo, em que somos aconselhados a "colocar a máscara de oxigênio em nós mesmos antes de ajudar aos outros", os líderes devem primeiro assegurar sua estabilidade emocional. Isso não é um ato egoísta, mas uma necessidade: ao cuidar de si mesmo, o líder estabelece um padrão e cria um ambiente onde o bem-estar mental é valorizado e promovido. Como você perceberá nos textos deste livro, líderes mentalmente saudáveis são mais bem equipados para apoiar e guiar suas equipes em meio a desafios, fomentando culturas corporativas positivas e resilientes.

Uma cultura corporativa centrada nas pessoas e preocupada com a saúde mental cria um ambiente no qual os colaboradores podem enfrentar adversidades, manter conversas difíceis e crescer, tudo isso sem precisar pagar um preço emocionalmente exorbitante.

A saúde mental tem um papel substancial não só no bem-estar dos colaboradores como também nas finanças das empresas. Organizações que investem na saúde mental de seus funcionários veem uma diminuição significativa em custos associados a licenças médicas, turnover e baixa produtividade. Segundo a Organização

Mundial da Saúde (OMS), a depressão e a ansiedade custam à economia global US$ 1 trilhão por ano em perda de produtividade. Entretanto, para cada dólar investido no tratamento de transtornos mentais comuns, há um retorno de US$ 4 em saúde e produtividade melhoradas (OMS, 2022).

Nesse contexto, a Jungle® entra em cena com soluções inovadoras, destacando-se por seu trabalho pioneiro, transformando organizações e promovendo ambientes de trabalho mais saudáveis e resilientes. Seu foco não é apenas tratar, e sim prevenir, educar e criar uma cultura organizacional que valoriza e compreende as nuances da saúde mental. Além disso, a Jungle® é um dos pilares vitais do Ecossistema Great People & Great Place to Work®, cuja missão é colocar as pessoas no centro das organizações. Nesse mesmo ecossistema, encontramos a Primavera Editorial, empresa da qual sou fundadora. Na Primavera BIZ, nos dedicamos a disseminar, por meio das páginas que publicamos, a urgência e a importância de uma abordagem centrada nas pessoas, com agendas como desenvolvimento da liderança, criação de culturas corporativas positivas e, claro, saúde mental. Este livro, *O trabalho protege*, que temos o prazer de publicar, é uma manifestação desse compromisso, reforçando o ideal de integrar a saúde mental às práticas corporativas.

Finalizo este prefácio revisitando as palavras de minha avó e minha própria experiência de vida: é essencial que cuidemos das "faculdades mentais" de todos. Que este livro seja um lembrete e um guia para líderes e gestores, reafirmando a importância do equilíbrio mental no ambiente de trabalho, e que cada página sirva como um chamado à ação, uma inspiração para criar ambientes onde as pessoas possam florescer em sua totalidade.

– Lu Magalhães
Presidente da Primavera Editorial,
investidora-anjo e sócia no #coisadelivreiro
e no *PublishNews*

INTRODUÇÃO

NOSSO CAMINHO SELVA ADENTRO

Bruno Shiozawa

"It's a long way to the top if you wanna rock 'n' roll."
AC/DC

Como nasce uma empresa? Há os que digam que empresas nascem da visão de seus fundadores; outros, que a origem de um negócio tem raízes na busca de uma solução para uma dor específica. Centenas de teorias têm sido criadas nos últimos anos para tentar encontrar a receita secreta de como uma organização de sucesso deve ser concebida e nutrida. Uma simples pesquisa no Google® por "*How to build a business*" devolve para nós cerca de 3.170.000.000 citações sobre o tema. Com o advento da OpenAI, essa "fórmula mágica" está mais próxima e acessível do que nunca. Arrisco dizer que, se perguntarmos para dez empreendedores "Qual a fórmula do sucesso para se começar um negócio?", teremos dez respostas diferentes.

Dito isso, não terei a prepotência de teorizar algo que na minha opinião é essencialmente visceral. Pretendo, entretanto, contar a você, caro leitor, alguns aprendizados que recebi e que constituem o *core* de tudo o que fazemos. Vamos lá?

O PORQUÊ

"As far as we can discern, the sole purpose of human existence is to kindle a light in the darkness of mere being."

Carl Jung

A Jungle® é uma empresa criada com um propósito muito claro: melhorar a vida das pessoas.

Quando fundamos a empresa, não sabíamos ao certo quem participaria do time, onde estaria nossa sede, qual seria nosso logo, quais deveriam ser os produtos... na verdade, não sabíamos quase nada, mas uma coisa era certa: nosso propósito. Isso esteve sempre em primeiro lugar e nos ajudou a tomar decisões estratégicas muito importantes. Mais do que como fazer, quando fazer ou quanto fazer, a definição de por que fazer é a primeira e mais importante ação que uma empresa deve tomar. Entender o porquê de sua organização existir é a pedra fundamental que garantirá ou não sua perpetuidade e seu impacto no futuro. Todo o resto é coadjuvante, como disse brilhantemente Simon Sinek em seu TED de 2009, "Comece pelo porquê" ("Start with why") – uma das palestras mais visualizadas da internet, com mais de 10 milhões de acessos.

Tivemos muita sorte também. Agora que escrevo isso, percebo que quanto mais alinhados com nosso propósito estamos, mais sorte parecemos ter. Divagações à parte, não poderia deixar de falar sobre a GreatPeople. Esse é um ecossistema idealizado e criado por Ruy Shiozawa e José Tolovi Jr., duas figuras quase mitológicas no cenário do empreendedorismo brasileiro. Ambos compartilham da paixão por criar e gerir esforços que sejam melhores para os indivíduos, os negócios e a sociedade, colocando as pessoas no centro de tudo o que fazem. Fomos cultivados e nutridos por esse ecossistema, que manteve as condições necessárias para que pudéssemos nos desenvolver. Sem eles, nada teria acontecido.

Tudo começou em 2020, em plena pandemia de Covid-19. Incerteza era a sensação que predominava, ninguém estava seguro, mudanças se amontoavam e faziam com que o conforto de outros tempos fosse uma lembrança utópica. Acho que dificilmente conheceremos alguém que não sentiu o impacto desse período. Verdade seja dita: de uma forma ou de outra, encontramos nossos caminhos nesse "novo normal", caímos, levantamos e sacudimos a poeira. Bola pra frente! Mas tudo tem um preço, não é mesmo?

Sabemos que hoje estamos menos empáticos e felizes do que éramos antes da pandemia. Pelo menos é para onde apontam as mais recentes pesquisas sobre o tema no país. Diferente do que poderíamos imaginar, durante os três anos de pandemia a principal causa de afastamento do trabalho no Brasil não foram as infecções por Covid-19 em si, e sim os transtornos em saúde mental decorrentes daquela nova realidade. O país do futebol passou a ser o mais ansioso do mundo naq cenário, e houve aumento na incidência de depress que cresceu 23% em todo o globo.

Há anos estudamos a fundo a questão da saúde mental. Pedro Shiozawa, meu irmão gêmeo (o mais inteligente e dedicado dos dois, com folga no resultado), é um dos fundadores da Jungle® e tem sido responsável por pesquisas pioneiras. Muito do que se sabe sobre o burnout, do tratamento de depressão ao diagnóstico de ansiedade, do acompanhamento de psicoses à reinserção de transtornos afetivos no mercado de trabalho, devemos a ele e a seus grupos de pesquisa. Tirando o óbvio da frente, somos uma empresa especializada em saúde mental. Dizemos aqui na Jungle® que somos "filhos da pandemia", e, sim, nossa missão é melhorar a vida das pessoas. Sempre.

PONTES

"We build too many walls and not enough bridges."
Isaac Newton

Foi esse o começo da nossa história. Idealizada dentro de um ambiente acadêmico dedicado ao conhecimento da saúde mental, a Jungle® nasceu em meio a uma pandemia e com o desafio de melhorar a vida de quem encontrássemos pelo caminho.

O próximo passo foi tão importante quanto o primeiro. Definido o nosso porquê, agora precisávamos estruturar o que faríamos e como faríamos. Já estava óbvio que um dos primeiros desafios seria o de fazer uma ponte entre a academia *stricto sensu* e o "mundo real".

Um artigo científico leva em média catorze anos para atingir o mundo de maneira prática (sim, você leu certo), ou seja, entre o que temos de mais novo na fronteira da pesquisa e sua aplicabilidade na vida das pessoas existe um *gap*, ou melhor, abismo, de mais de uma década.

Nossa primeira estratégia foi, então, de construir uma ponte entre os dois lados desse precipício épico: o mundo da ciência em saúde mental e o "mundo real".

Hoje contamos com um grupo de pesquisa multicêntrico, com equipes na Áustria, no Canadá, nos Estados Unidos, no Brasil e na Alemanha dedicadas a pesquisar maneiras de melhorarmos a saúde mental das pessoas e aplicar de maneira ágil essas descobertas. "Um *paper* científico não tem função a não ser que ajude alguém em algum lugar, de alguma forma", como diz muito bem o outro gêmeo.

Eu podia até suspeitar, mas de fato não saberia ter previsto quantos avanços científicos estavam hibernando na academia, nos *papers* mundo afora. Quando construímos a ponte entre aqueles dois diferentes mundos, a troca de informações e fluxo de ideias foi inacreditavelmente natural. A sensação que eu tinha era a de ver um paciente doente de um lado e do outro um médico dedicado com o antídoto infalível contra sua mazela. Encurtamos o *gap* de catorze anos para alguns meses, iniciamos testes e conversas com dezenas de pessoas e empresas a fim de entender quais eram os seus desafios e construímos a muitas mãos soluções que têm sido incrivelmente assertivas. Todas as vezes que recebo um comentário agradecendo nosso trabalho, sinto que temos conseguido atingir nosso propósito e inevitavelmente sorrio.

Fazer algo com alinhamento de propósito é um dos grandes segredos da felicidade. Um fato que ajudou muito nessa questão foi a construção, de maneira clara, dos nossos valores, por meio dos quais nosso porquê poderia ser atingido de modo orgânico. São eles: simplicidade, humildade, coragem, ciência e inovação. Com sua licença, descrevo a seguir os cinco valores centrais da Jungle®.

Simplicidade

Ciência sem acesso é arrogância, vaidade. Em tudo o que fazemos, sempre nos perguntamos se estamos conseguindo traduzir de maneira acessível nossa tecnologia e nossos produtos. Essa ideia permeia a construção de todas as pontes que fazemos.

Humildade

Um grande desafio que sempre tivemos como seres humanos e sempre teremos é o desafio do ego. Nunca deixamos de nos convencer que sempre devemos aprender mais e, acima de tudo, que qualquer pessoa pode nos ensinar. O aprendizado está no ouvido de quem ouve e deve sempre ser um ato de fé e humildade.

Coragem

Nossa chefe de operações chama-se Cláudia Coragem, uma pessoa e profissional singular. Talvez uma feliz coincidência. Sempre nos lembramos de que errar e aprender são atos de coragem, e temos isso em nosso *core*.

Ciência

Em tudo o que fazemos, introjetamos ciência. No ambiente da saúde mental, muito do que se faz pode ter pouco ou nenhum efeito duradouro se não nos embasarmos com unhas e dentes na academia científica. Dizemos internamente que "não somos uma empresa de abraçar árvores" (nada contra as árvores).

Inovação

Esse é nosso quinto valor. Fazer as coisas de maneiras mais eficazes, diferentes, sair da zona de conforto. Gosto de exemplos práticos: nosso primeiro produto baseava-se em um questionário com 99 questões. Hoje entregamos uma quantidade exponencialmente maior de informações e utilizamos 0 questão. Sim, ze-ro. Inovações como *machine learning* e algoritmos de inteligência artificial (IA) permitem encontrar respostas milhares de vezes mais precisas com *inputs* cada vez menores. Tenho para mim que a inovação é a maneira como podemos experimentar a ciência e dizer "Uau, isso é incrível!".

Para você que está cansado de ler esta introdução, tenho uma ótima notícia: você conseguiu, sobreviveu, está acabando!

Esta é, então, a breve história de formação da nossa organização:

- Possuíamos um porquê claro, nascido de um sentimento bom de ajudar as pessoas;
- Encontramos mentores incríveis, que acreditaram em nosso propósito;
- Desenhamos uma rota clara e contamos com um time incrível para trilhá-la;

- Utilizamos nossos valores para alimentar nosso porquê diariamente, lado a lado com nossos clientes.

Desejo a você que está investindo seu tempo na leitura deste livro que encontre seu porquê. Desejo que consiga se cercar das pessoas certas para garantir sua perpetuidade e que, assim como nós aqui na Jungle®, sinta que está ajudando o mundo a ser um lugar melhor.

PONTO DE PARTIDA

PANDEMIA DE COVID-19: O COMEÇO DE TUDO?

Pedro Shiozawa

"Is this the world we created? What did we do it for?"
Queen

A Jungle Medical® nasceu anos antes de sua fundação. Eu sou psiquiatra e meu irmão é clínico geral, e é aqui, precisamente dentro da rotina médica, em um país em desenvolvimento, que nasce a semente de nossa consultoria. Já havia alguns anos que pairava sobre nós a ideia de que poderíamos alcançar mais pessoas e de uma maneira mais efetiva do que vínhamos fazendo em nossa jornada ambulatorial e hospitalar. Verdade seja dita: a rotina médica tem com o passar dos anos se convertido em sua maior parte em um processo mais curativo do que preventivo. Em linhas grosseiramente gerais: o paciente adoece, procura auxilio e recebe o tratamento que muitas vezes não restaura de modo tão cirúrgico ou rápido quanto gostaríamos a função normal do indivíduo. A cada dia, nós nos deparávamos com filas e desafios maiores, recursos muitas vezes escassos e uma sensação não rara de impotência frente à doença alheia. Outro aspecto também mais e mais frequente passou a nos chamar a atenção nos atendimentos ambulatoriais: o trabalho parecia ser um grande vilão na vida das pessoas, fonte de estressores esmagadores e obstáculos intransponíveis. A solicitação por dispensa do trabalho passava cada vez mais a ser a regra, e adentrávamos uma guerra em que o sucesso não era possível — afinal, como ajudar de verdade aquelas pessoas que viam em sua fonte de sustento não mais uma via de sucesso pessoal, mas um mal necessário? Precisávamos fazer algo. A sensação era como se estivéssemos a evitar o naufrágio de um bote furado, tirando água com uma caneca em vez de consertar o buraco. Mas o que fazer?

Foi então que um novo vírus mudou tudo.

A pandemia de Covid-19 teve consequências de longo alcance, estendendo-se além do domínio da saúde física para impactar significativamente o bem-estar mental. Dentre as diversas áreas profundamente afetadas, o ambiente de trabalho se destaca como um lugar crítico, onde as repercussões da pandemia na saúde mental têm se tornado cada vez mais evidentes.

A pandemia introduziu uma sensação generalizada de incerteza, medo e estresse no local de trabalho. Os funcionários tiveram que lidar com o medo de contrair o vírus, além das preocupações com segurança no trabalho e a adaptação ao trabalho remoto ou a ambientes profissionais modificados. Essas mudanças aumentaram os níveis de estresse e induziram ansiedade entre os funcionários, afetando seu bem-estar mental.

A implementação de medidas de distanciamento social e os acordos de trabalho remoto levaram a uma diminuição nas interações sociais e a um aumento do isolamento social. Muitos indivíduos foram privados do contato face a face regular com colegas, resultando em sentimentos de solidão e desconexão. A ausência de redes de apoio social no ambiente de trabalho pode contribuir para o declínio da saúde mental.

Com a indefinição das fronteiras entre trabalho e vida pessoal devido ao trabalho remoto, os funcionários têm dificuldades em manter um equilíbrio saudável entre vida profissional e pessoal. A ausência de limites pode levar ao aumento das horas de trabalho e das demandas, bem como redução do tempo para descanso e lazer. Esse desequilíbrio tem profundas implicações para a saúde mental, muitas vezes resultando em esgotamento e diminuição da produtividade.

A Covid-19 destacou a importância da saúde mental na sociedade, mas também expôs o estigma existente em torno dos problemas de saúde mental. Os funcionários podem hesitar em buscar apoio ou revelar suas dificuldades devido a preocupações com julgamentos ou repercussões negativas em suas carreiras. Isso perpetua uma cultura de silêncio, dificultando o reconhecimento e gerenciamento de questões psicológicas no local de trabalho. Para lidar com o impacto da Covid-19 na saúde mental no local de trabalho, algumas organizações passaram a priorizar o bem-estar dos funcionários e implementar estratégias de suporte adequadas. Isso inclui promover uma cultura de comunicação aberta, desestigmatizar as discussões sobre saúde mental e fornecer acesso a recursos para enfrentar desafios. Check-ins regulares, grupos de suporte virtuais e programas de assistência aos funcionários podem oferecer o suporte necessário e facilitar a intervenção precoce.

Esse processo de mais atenção para a questão da saúde emocional não ocorreu de maneira uniforme e ainda enfrenta um antigo obstáculo que infelizmente muitas empresas têm dificuldade de transpor: o tabu de abordar as emoções. Saúde mental é um tema sensível, sem sombra de dúvidas, mas, ao não abordarmos essa temática dentro da cultura da empresa, somente alimentamos o *gap* existente entre as fantasias e a realidade. Gustav C. Jung, o pai da psicologia analítica, dizia que quando prestamos atenção em nossos demônios eles começam a ir embora. Talvez essa ideia fosse bem aplicada aos ambientes onde saúde mental é ainda cercada por preconceito.

Quando pensamos que as pessoas devem estar no centro da estratégia de qualquer negócio para construir ambientes saudáveis para se trabalhar, é chegada a hora (influenciada pelas mudanças da Covid-19, sem dúvida) de endereçar o bem-estar mental como aprendemos a endereçar o físico. Em diferentes pesquisas realizadas por consultorias no mundo todo, ambientes com maior segurança emocional são aqueles que integram a temática dentro de seu processo de capacitação e o vivenciam como parte da cultura da empresa. Isso acontece não apenas por ser o eticamente correto, vale dizer, mas porque o que é melhor para as pessoas tende também a ser melhor para os negócios. Na verdade, observamos redução do índice de turnover e casos de burnout, bem como maior retenção de talentos em empresas que embarcaram no processo de colocar saúde mental como parte de sua estratégia de cuidado.

Esse foi o próprio ponto de partida para a formação de nossa consultoria em saúde mental para empresas. Nascemos dentro de um ecossistema com diferentes times de variados segmentos, todos direcionados a criar um ambiente de trabalho mais protetor para os colaboradores. Temos desde times focados em consultoria e gestão, educação continuada, ESG (ambiental, social e de governança), análise de dados, saúde e clima organizacional até equipes dedicadas a gerar respostas em sustentabilidade, o que inclui até mesmo uma editora! Em síntese: a Jungle® partiu de um ecossistema vivo e dinâmico de respostas para as diferentes necessidades do mundo corporativo e sobretudo às organizações que passaram a desbravar o mundo pós-pandemia e seus novos desafios.

Com a melhora progressiva da pandemia no mundo, mais uma vez nos deparamos com a necessidade de mudanças nas relações de trabalho e nas rotinas profissionais. Muitas pessoas adotaram o regime remoto integral e passaram a residir mesmo em localidades distantes do seu centro de trabalho original. Outras pessoas modificaram sua rotina familiar de tal maneira que o retorno integral ao regime presencial seria, agora, inviável. Uma nova modalidade passou a ser amplamente implementada: o regime híbrido de trabalho — e muita discussão tem sido feita sobre essa questão.

Um ponto central é que mudar é sempre difícil, mas é possível, como diria o famoso educador Paulo Freire. Se num primeiro momento fomos desafiados a adotar o regime de isolamento, agora o desafio é o retorno ao presencial. Especialistas passaram a concluir que não haveria um modelo ideal que atendesse às necessidades de toda equipe, mas que, sobretudo, o segredo do sucesso sobre qual regime de trabalho deveríamos adotar estaria no próprio processo de definição deste. A recomendação quase em uníssono passou a ser: escute seu colaborador, tente individualizar cada caso e situação de equipe com base nas características de trabalho e do alinhamento com a política da empresa, mas, em especial, crie um espaço onde as pessoas possam ser ouvidas e ter suas opiniões validadas, independentemente de conseguirmos atender as demandas de uns e não de outros. Verdade seja dita: que jogue a primeira pedra quem conseguiu passar pelo retorno ao trabalho de maneira não turbulenta e teve nos seus pares o mesmo nível de satisfação, não é mesmo?

Aprendemos com a redução do isolamento social que, se não há um modelo ideal de trabalho para todos, temos a chance em momentos de mudança de incluir nossas equipes nos processos decisórios, de modo a agirem como cocriadores de estratégias que em última análise vão impactar a todos. O sucesso e a satisfação derivam mais desse processo ativo de inclusão do que da definição da resposta ou da estratégia em si.

Com isso em mente, e partindo de um cenário sem precedentes para todos nós, nos debruçamos na Jungle Medical® mais especificamente sobre qual o melhor caminho para, de uma vez por todas, levar saúde mental para dentro da estratégia organizacional. Um ponto era e continua sendo óbvio: o foco está nas pessoas, motivo maior de todo e qualquer esforço — e esse foco será sempre embasado em ciência e na busca das melhores e mais modernas soluções em saúde mental para as empresas.

CONSULTORIA, AO DIVÃ!

A IMPORTÂNCIA DE UMA ABORDAGEM CONSULTIVA PARA O DESENVOLVIMENTO DE EQUIPES DE ALTA PERFORMANCE

Cinthia Santini

"O que queremos é todo mundo bem."
Titãs

A atividade de consultoria é, sem dúvida, um dos serviços profissionais especializados mais utilizados no mundo dos negócios. Isso porque o aconselhamento de profissionais mais experientes ou mais especializados em determinados segmentos é de grade valia aos donos de negócios. Se buscarmos na história, os maiores imperadores e tomadores de decisão contavam com conselheiros que os ajudavam e os inspiravam em momentos críticos da humanidade. O trabalho de aconselhamento nos remete à Antiguidade, e desde os primórdios o conselheiro era um portador de grande sabedoria e prestígio entre os líderes de uma comunidade.

Com o advento da Revolução Industrial, o trabalho do conselheiro se tornou uma necessidade emergente para as empresas, que passaram a precisar de um olhar independente a fim de, principalmente nos momentos de crise, ajudá-las a atingir seus objetivos, melhorar a estratégia, agilizar os processos, aumentar as vendas e a lucratividade. Nesse período, o papel de um conselheiro passou a ser profissionalizado e a atender diretamente essa necessidade, frequentemente mais organizada a partir do século XIX.

Já no início do século XX, começaram a surgir as demandas com relação a racionalização da mão de obra, ganhos de eficiência e condições adequadas de trabalho, e a consultoria como conhecemos hoje começou a tomar forma. As primeiras empresas de consultoria de gestão foram criadas como resultado desse novo cenário, e com esse objetivo elas se especializaram em oferecer serviços de aconselhamento cada vez mais voltados ao mundo do trabalho e aos impactos dele na sociedade e na vida das pessoas. E, ao longo dos anos, as consultorias de gestão de pessoas foram se aprimorando até se tornarem o que são hoje. É aí que entramos.

O mundo do trabalho pós-pandemia

Nem em nossos mais furtivos sonhos imaginaríamos que, em apenas poucos dias, o mundo do trabalho se transformaria completamente. As empresas transferiram seus escritórios para as salas de jantar de nossas casas, e o trabalho se fundiu com a rotina dos nossos lares e das nossas famílias. Em poucos dias tivemos que nos adaptar para que o mundo e nossa existência não se paralisassem.

Num momento como esse de crise, todos nos unimos em prol de um bem-estar coletivo e trouxemos o trabalho para dentro de nossas casas, com uma insegurança que crescia a cada dia em relação ao emprego. Muitos trabalhadores da saúde, da indústria, dos transportes e dos serviços essenciais não tiveram a possibilidade de se proteger e trabalhar de suas casas. Muitos permaneceram em suas atividades também em prol da coletividade. Cada um na sua função e na sua atividade, mas todos na mesma realidade.

O cenário pandêmico gerou impactos em todos os aspectos da nossa vida, incluindo os do trabalho. Esses impactos foram muitos, desde a segurança psicológica da garantia da manutenção do emprego até aspectos mais profundos sobre o que estávamos fazendo e por quê. A pandemia nos trouxe questionamentos, dúvidas, mas também uma certeza: a vida nunca mais seria a mesma. Alguns mudaram de vida, de profissão. Muitos perderam seus empregos. E outros se apegaram ainda mais às suas fontes de renda e atividades profissionais.

É, a vida nunca mais seria a mesma.

Os impactos da pandemia na nossa relação com o trabalho

O impacto desse cenário de incertezas e dúvidas na nossa saúde mental foi muito grande. Todos os questionamentos que fizemos e nossa relação com o trabalho geraram mudanças profundas na forma como experienciamos o trabalho.

A possibilidade de trabalhar de casa, por exemplo, nos fez ver os filhos crescerem, ter mais tempo com a família, mais produtividade, mas também nos desafiou a manter o equilíbrio, a não exceder horas de trabalho e a criar regras de convivência familiar. Nos fez criar mecanismos para conviver com os colegas de trabalho a distância e manter os vínculos ativos com nossos líderes e liderados. Foi um grande desafio enfrentar todas essas mudanças, e agora, no mundo pós-pandêmico, ainda continuamos encarando debates sobre qual seria o melhor modelo de trabalho.

Além disso, não foi só a nossa vida que a pandemia impactou: as empresas também tiveram um duro trabalho de adaptação e reformulação de suas atividades e de seu dia a dia. A alocação de profissionais de forma remota, o não uso das dependências de seus escritórios e edifícios, a dificuldade de manter seus negócios e sua lucratividade e a dura tarefa de manter os seus empregados — tudo isso ao mesmo tempo em que precisava se adaptar às mudanças de mercado e de consumo. Essa combinação entre manter a sobrevivência, gerar renda, lucro e emprego não foi uma tarefa fácil de se conduzir durante a pandemia.

Líderes e donos de empresa precisaram mais do que nunca se adaptar e se capacitar para uma revolução jamais prevista nessas proporções. E para garantir que isso acontecesse, precisaram contar com suas equipes, com colaboradores que eles precisavam manter engajados apesar dos abalos da pandemia.

O desafio de manter um equilíbrio saudável e garantir a manutenção da saúde mental dos colaboradores passou a ser agora prioridade nas equipes. Líderes e acionistas entenderam que, nessa relação de fidelização de clientes e manutenção das atividades e dos empregos, a importância de uma equipe saudável e engajada era mais do que nunca fundamental para a manutenção e sobrevivência de seus negócios.

Dessa necessidade surgiram oportunidades tanto para líderes quanto para colaboradores de se manterem saudáveis, física e mentalmente. E, para isso, as empresas passaram a trazer práticas e conhecimento sobre saúde mental para dentro de casa, entendendo que a necessidade de se estruturar um conhecimento comum e uma abordagem mais sistêmica seria fundamental para esse novo tempo que chegava e, como sabemos agora, permaneceria.

O desenvolvimento de equipes de alta performance

Empresas e equipes que souberam se reinventar e se mantiveram conectadas à sua missão, à sua visão e ao seu propósito puderam experimentar a oportunidade de se fortalecer, e aquelas que souberam usar o melhor de cada colaborador e de cada time conseguiram superar os desafios e se manter atualizadas.

Em situações de crise, faz-se extremamente necessário que líderes se empenhem em se conectar com suas equipes, conhecer suas aspirações e necessidades e manter um diálogo aberto e franco sobre possibilidades e expectativas, para que não haja desenganos, frustrações e desânimos individuais ou coletivos. Ouvir cada membro do time, entender o que mais interessa e engaja sua equipe e o que ela espera de seu trabalho e de sua empresa é fundamental para manter um alinhamento constante de comunicação e fluidez de mensagem, e garante que todos estejam sintonizados no mesmo propósito comum, se esforçando a cada dia para que permaneçam firmes e integrais nessa relação.

É assim que nascem as equipes de alta performance: com muito diálogo e aprendizado em conjunto, muita convivência e resiliência, sendo que ambos os papéis buscam o melhor de si e do outro para a manutenção de objetivos comuns entre as partes.

Quando líderes abrem esse caminho de mão dupla, tendo a confiança como maior vínculo entre eles e suas equipes, o melhor é esperado. A performance da equipe que se complementa passa a ser prioridade para todos, pois é por meio dela que os resultados almejados serão alcançados, e todos os objetivos comuns passam a ser atingidos.

Além do diálogo aberto e constante, é fundamental que os líderes conheçam as principais fortalezas dos seus times, o que cada um pode dar de melhor e o que cada um quer também receber. Perfis complementares fazem com que todos ganhem em execução e aprendizado, produzindo um desenvolvimento constante, em que o grupo se ajuda e se melhora reciprocamente, além de se beneficiar de um trabalho coletivo em que só se tem a ganhar. Fomentar o que cada um tem e traz de melhor para a equipe é uma das tarefas mais importantes de um gestor que trabalha para ter um time de alta performance.

Cada líder precisa saber o que atrai e o que distancia sua equipe dos objetivos estabelecidos, bem como aquilo que eles querem alcançar caso sejam eficientes e assertivos. Saber como cada um gostaria de ser reconhecido e como entende o que quer receber de recompensa pelo bom trabalho feito é fundamental para garantir que os colaboradores se mantenham ativos, dando o seu melhor e garantindo que o objetivo está sendo buscado. Reconhecer o esforço e recompensar de forma satisfatória a dedicação, o comprometimento e as entregas é fundamental para a manutenção das equipes de alta performance.

A abordagem consultiva e o engajamento

Essa nova dinâmica de trabalho requer habilidade e preparação da liderança para garantir que o nível de alta performance será atingido. Não é mágica nem dom.

Trata-se de um amplo conhecimento que líderes e empresas precisam buscar para garantir que o engajamento de todos seja atingido e mantido ao longo do tempo.

Para isso, é importante que o melhor conteúdo seja levado para o momento do aprendizado, fazendo com que os líderes busquem a capacitação técnica e façam acontecer.

Em nossos estudos de engajamento, tomamos como base seis dimensões de acordo com os estilos de engajamento sugeridos pelo professor Dr. Min Bassadur, da Universidade de Harvard. São eles: reconhecimento, propósito, realização, justiça e autonomia.

Equipes de alta performance não nascem da noite para o dia. Esse desempenho é o resultado de um trabalho conjunto e dedicado, preciso e contínuo, sempre com o olhar voltado às principais fortalezas de cada indivíduo, com o objetivo de obter o melhor que cada um pode oferecer. A preocupação contínua de muni-los de ferramentas e recursos que possibilitem a entrega do seu melhor também é necessária, conhecendo e entendendo o que cada um precisa para se dedicar ao máximo, incluindo maneiras de reconhecer e recompensar de modo sistêmico todos os esforços e resultados obtidos individualmente e em equipe.

Notem que esse trabalho requer um foco constante e preparação contínua da liderança para estarem conscientes sobre todas as características individuais que compõem a equipe. Além disso, líderes precisam saber também reconhecer e valorizar os esforços e as conquistas da equipe, sendo elas grandes ou pequenas, mas que determinem avanços importantes, pontuando cada etapa da evolução para impulsionar novos passos e novas conquistas.

Nesse processo, líderes e empresas se beneficiam com a assessoria de consultorias especializadas, pois, como mencionado, equipes de alta performance requerem foco e dedicação; elas não nascem assim. Esse trabalho dedicado demanda conhecimentos específicos, como técnicas de avaliação de performance, ferramentas de identificação de perfis individuais e coletivos, conversas e entrevistas constante para a apuração e calibração das ações e ferramentas de medição contínua para identificação de falhas e acertos no processo, a fim de obter contínuo ganho de assertividade.

O primeiro passo é começar conhecendo sua equipe a fundo. E para isso não se faz necessário um incurso na vida pessoal ou social da equipe, mas sim se aprofundar no conhecimento do que faz cada um estar presente naquele momento, exercendo aquela função específica.

É necessário entender o que move e motiva cada pessoa, quais são suas inspirações e seus sonhos e quais objetivos buscam em sua realização profissional.

De acordo com Dr. Bassadur, há algumas características comuns nos principais motivos que impulsionam o engajamento dos times, e, diante desses motivos, o engajamento obtido em conjunto produz resultados muitas vezes acima do esperado.

Entre esses principais motivos estão a realização, a oportunidade diária de se sentir produtivo, de ter em mãos as ferramentas e recursos necessários para execução de suas atividades que os levarão a obter objetivos. A sensação de realização do que é esperado traz satisfação e bem-estar emocional à equipe e desenvolve o sentimento de que, se há dedicação, há realização. Um aspecto muito importante que compõe esse sentimento de realização é a possibilidade de exercermos nossa autonomia em nossas atividades, o que desperta a autoconfiança e desenvolve possibilidades de inovação e desenvolvimento. Regras muito rígidas ou processos muitos restritivos ou confusos minam a imaginação e a capacidade de criação de melhorias e novas formas de trabalhar. A autonomia estimula a sensação de capacidade de realização, empodera o time para o enfrentamento dos problemas do dia a dia e gera a percepção de que há uma relação de confiança entre a empresa, seus dirigentes e seus colaboradores.

Além disso, é muito importante que os times conheçam seus objetivos comuns, sua missão conjunta e o propósito pelo qual eles existem. A missão de um time precisa estar clara e ser construída em conjunto. Regras e normas ditadas ou frases prontas não são motivadoras e nem sempre geram a sensibilização desejada. Objetivos comuns devem ser criados em conjunto, não devem ser dados prontos ou sugeridos por terceiros. Criar o porquê e o motivo de estar juntos, trabalhando em prol de algo em comum, é o primeiro passo para o surgimento de equipes de alta performance.

E é importante que líderes reconheçam e agradeçam os esforços do time ao conquistarem sua dedicação. Equipes dedicadas e engajadas que não são estimuladas pelo reconhecimento contínuo se frustram por não sentir que seus esforços valem a pena ou por achar que não há reciprocidade por parte de seus líderes e das empresas nas quais trabalham. Essa sensação mina qualquer tipo de esforço adicional, qualquer tipo de desejo de fazer mais, de entregar o seu melhor, pois, do outro lado da balança, não há o equilíbrio ou o retorno esperado.

Esse é um erro comum e é o principal motivo que separa líderes da alta performance de suas equipes: achar que as pessoas não precisam ser reconhecidas ou não estão fazendo mais do que deveriam. Líderes erram em achar que o time vai se acomodar se for reconhecido. Pelo contrário, a gratidão da liderança é a principal faísca que renova as energias e o desejo de continuar nesse caminho, buscando oferecer sempre o melhor que puderem e entregando os resultados esperados. Quando cada um se esforça para dar o seu melhor, todos ganham, e o melhor é alcançado.

SAÚDE MENTAL NO C-LEVEL[1]

A PEDRA-CHAVE PARA RESOLVER AS COISAS?

Cláudia Coragem

"É preciso estar atento e forte,
não temos tempo de temer a morte."
Caetano Veloso e Gilberto Gil

Saúde mental é um tema que, mesmo após o término da pandemia, permanece na pauta permanente das empresas. O fato é que aquelas que não abordam ou, mais, ainda ignoram a necessidade de encarar o tema de frente e torná-lo parte de sua estratégia de gestão de pessoas estão ficando para trás. Falar de saúde mental é abordar o equilíbrio das emoções de uma pessoa, incluindo a capacidade de lidar de maneira assertiva com o

1 O termo "C-level" se refere aos cargos executivos mais seniores de uma companhia, como os de CEO, COO e CFO. [N. E.]

estresse e outras patologias mentais, enfrentar desafios e fazer a manutenção de relacionamentos saudáveis.

Um fato recorrente nas minhas conversas diárias na Jungle® sobre o tema com as mais diversas empresas é o papel crucial que a alta liderança exerce na promoção de um ambiente em que o bem-estar dos funcionários seja uma constante na cultura organizacional. As consequências de não se abordar o tema pelas lideranças pode acarretar danos psicológicos irreversíveis.

Se bem direcionado, um ambiente emocionalmente saudável pode proporcionar às pessoas a possibilidade de ter melhor desempenho e produtividade no trabalho; contornar situações de estresse; ter conversas francas e muitas vezes difíceis com seus gestores sem que gerem consequências drásticas do ponto de vista emocional.

Nós nos deparamos com muitas empresas que, sim, já promovem, mesmo de maneira tímida, ações buscando a promoção e a melhoria da saúde emocional. Entretanto, a grande maioria ainda enfrenta barreiras a serem ultrapassadas, como a forma de as lideranças perceberem o tema. Ainda é um estigma, um grande desafio, a percepção de todos sobre equilíbrio entre trabalho e vida pessoal.

Não raro, as empresas já disponibilizam programas de bem-estar, treinamento de habilidades emocionais, acesso a suporte psicológico, e buscam promover um ambiente em que os funcionários se sintam à vontade para expressar suas emoções e buscar ajuda quando necessário. Mas, mesmo assim, a cultura de pedir ajuda ainda não é uma realidade. E por quê? Dependendo da maneira como esses benefícios são comunicados pelas lideranças, pode-se colocar tudo a perder... A queixa "nós oferecemos muitos benefícios, mas as pessoas não usam" é realidade em muitas organizações.

A saúde emocional é, sim, um aspecto crítico para a alta liderança e para qualquer pessoa em posição de liderança. Liderar uma equipe, empresa ou organização requer habilidades técnicas e de gestão, mas também exige uma forte capacidade de gerenciar emoções, tanto as suas quanto as dos outros; entender qual o seu papel na gestão emocional do time, até onde pode ir. Os líderes são modelos para toda a organização. Ao demonstrarem seu apoio à saúde mental e ao cuidarem de sua própria saúde mental, eles mostram aos funcionários que é uma prioridade legítima e encorajam outros a fazerem o mesmo.

Os líderes C-level devem garantir que o ambiente de trabalho não seja tóxico ou estressante demais, pois isso pode ter um impacto negativo na saúde mental dos funcionários. Eles devem estar atentos a sinais de sobrecarga de trabalho, esgotamento e outras questões que possam afetar o bem-estar dos colaboradores.

A promoção de uma cultura inclusiva e diversificada também está ligada à saúde mental dos funcionários. Líderes C-level devem garantir que todos os funcionários se sintam valorizados e respeitados, independentemente de suas origens e identidades.

É de extrema importância que os líderes C-level avaliem regularmente a eficácia das políticas e programas implementados para apoiar a saúde mental. Eles devem analisar dados sobre o bem-estar dos funcionários, taxas de absenteísmo, satisfação no trabalho e outros indicadores relevantes.

Para o sucesso de um programa de saúde mental, a alta liderança, responsável por estabelecer a visão, missão e metas estratégicas da organização, deve de a importância da saúde mental como uma priorida institucional em todos os níveis da organização. Não adianta abordar o tema em algumas esferas da empresa enquanto outras permanecem sem saber que saúde mental faz parte da estratégia.

Existem vários motivos pelos quais a saúde mental no C-level é uma pedra-chave para resolver problemas e melhorar a eficácia da empresa:

Tomada de decisão mais consciente: líderes com boa saúde mental tendem a ser mais equilibrados e capazes de tomar decisões mais conscientes e estratégicas.

Liderança empática: a empatia é uma habilidade crucial para liderar com sucesso. Líderes com boa saúde mental são mais capazes de entender e se conectar com as preocupações e necessidades dos colaboradores, o que ajuda a criar um ambiente de trabalho positivo e produtivo.

Resolução de conflitos: líderes que estão bem mentalmente são mais propensos a lidar com conflitos de forma construtiva e a encontrar soluções que beneficiem todos os envolvidos. Eles são menos propensos a se envolver em disputas pessoais e mais inclinados a abordar os problemas com maturidade e profissionalismo.

Promoção de um ambiente saudável: a cultura organizacional é influenciada pelos líderes da empresa. Se os altos executivos priorizam a saúde mental e o bem-estar, é mais provável que criem uma cultura que valorize esses aspectos, incentivando os funcionários a cuidarem de si mesmos.

Resiliência frente a desafios: empresas enfrentam inúmeros desafios ao longo do tempo. Líderes com boa saúde mental estão mais preparados para lidar com a pressão e o estresse que acompanham essas situações, encontrando soluções criativas e mantendo o otimismo mesmo diante de adversidades.

Manutenção de talentos: um ambiente de trabalho que valoriza a saúde mental é mais atrativo para os funcionários. Quando os líderes demonstram preocupação genuína com o bem-estar dos colaboradores, isso pode levar a uma maior satisfação no trabalho e à permanência dos talentos.

Recursos financeiros e humanos: a alta liderança tem autoridade para alocar recursos financeiros e humanos adequados para o programa de saúde mental. Isso inclui contratação de profissionais qualificados, treinamento de equipes, implementação de políticas e aquisição de tecnologias necessárias para apoiar a prestação de serviços de saúde mental eficientes.

Legislação e comunicação: os líderes desempenham um papel crucial na defesa da saúde mental em âmbito organizacional e perante outras partes interessadas, como governos, financiadores e parceiros. Uma comunicação clara e proativa da alta liderança sobre a importância da saúde mental pode ajudar a sensibilizar o público e atrair mais apoio para o programa.

Monitoramento e avaliação: a alta liderança é responsável por supervisionar a implementação do programa de saúde mental e garantir que ele consiga alcançar os resultados desejados. Isso pode incluir o monitoramento de métricas de desempenho, satisfação dos funcionários, indicadores de saúde mental e outros dados relevantes.

Tomada de decisão estratégica: em momentos de crise ou desafios inesperados, a alta liderança é fundamental para tomar decisões estratégicas que assegurem a continuidade e a adaptação do programa de saúde mental, garantindo que ele permaneça resiliente e eficiente.

Portanto, investir na saúde mental no C-level é uma estratégia essencial para melhorar a performance geral da empresa, aumentar a produtividade, promover a inovação e criar uma cultura de respeito e cuidado. Os líderes que priorizam o autocuidado e a saúde mental estão mais preparados para enfrentar os desafios do mundo corporativo e influenciar positivamente todos os níveis da organização.

Na Jungle®, quando somos convidados pelas empresas a apoiá-las na construção ou melhoria de seus programas de saúde mental, sugerimos sempre que o encontro inicial, a abertura desse projeto, seja encabeçada pelo grupo de C-levels. Com uma abordagem pautada em conceitos teóricos, e respaldados em dados financeiros e de mercado, mostramos por que esse tema tem de fazer parte da cultura da organização. Sempre reforçamos com esse grupo o peso do seu papel no êxito da iniciativa.

Para ilustrar a importância do papel do C-level no programa de saúde mental, apresento algumas situações. Certa vez, num encontro presencial com um grupo de C-levels de uma empresa, com a previsão de 1h30 para a apresentação, o CEO informou ao chegar que só dispunha de 30 minutos. Claro que essa postura mexeu com os ânimos dos demais integrantes. Afinal, se para ele o tema não era importante, por que seria diferente para os demais? Iniciamos o workshop, ele começou a prestar atenção e, no decorrer dos 30 minutos, cancelou todos os demais encontros do dia, pois entendeu a responsabilidade que estava em suas costas e como não participar daquele momento cascatearia de maneira negativa nos desdobramentos do programa que acabava de começar. Ele permaneceu até o final e disse que queria ficaria ali ouvindo mais e mais.

Essa postura dele repercutiu de forma muito positiva, não só naquele encontro, mas em todos os que se sucederam. O programa é sucesso total: os colaboradores, as lideranças capacitadas e aqueles benefícios antes não usados hoje têm uma aceitação acima da média de mercado. E não porque todos adoeceram, mas sim porque o tema faz parte da cultura, e, se preciso, qualquer colaborador, independente da função que exerça, pode e deve pedir ajuda.

Em outra empresa, um workshop sobre saúde mental para o time de saúde ocupacional despertou o interesse do VP de RH, que não só realizou um para o seu time como também entendeu o quanto o tema é importante do ponto de vista de pessoas e do financeiro/legal. Hoje em dia, está estruturando um programa robusto de maneira a alcançar todas as esferas da empresa.

Numa outra organização, o CEO, preocupado com o processo de spin-off[2] e como essa situação impactaria a saúde mental das pessoas, liderou um workshop sobre o tema e promoveu rodas de conversas para que todo o time estivesse preparado do ponto de vista emocional a enfrentar esse momento desafiador.

Vale reforçar alguns pontos importantes sobre a relação entre saúde emocional e alta liderança:

Tomada de decisão: líderes enfrentam constantemente decisões desafiadoras que podem afetar a organização e as pessoas envolvidas. Uma boa saúde emocional permite que eles façam essas decisões de

2 No ambiente corporativo, spin-off é o desmembramento de uma nova empresa a partir da organização original. [N. E.]

maneira equilibrada, considerando fatos e emoções de forma equitativa.

Resiliência: liderar pode ser estressante e exigir enfrentar adversidades e pressões constantes. A saúde emocional permite que os líderes sejam mais resistentes diante dos desafios e se recuperem mais rápido de situações difíceis.

Comunicação efetiva: líderes precisam se comunicar com suas equipes, clientes e outras partes interessadas de maneira objetiva e eficaz. Uma boa saúde emocional ajuda a expressar ideias e sentimentos de forma adequada e a lidar com conflitos de maneira construtiva.

Empatia: líderes empáticos são capazes de entender e se conectar com as emoções e necessidades de seus colaboradores. Isso promove um ambiente de trabalho mais positivo, aumenta a lealdade da equipe e melhora o engajamento.

Liderança transformacional: líderes emocionalmente saudáveis são mais propensos a adotar uma abordagem de liderança transformacional, inspirando suas equipes, incentivando a inovação e promovendo um senso de propósito e significado no trabalho.

Autoconhecimento: a saúde emocional ajuda os líderes a desenvolver mais autoconhecimento, permitindo-lhes identificar suas forças e fraquezas e trabalhar para melhorar sua liderança ao longo do tempo.

Gerenciamento de estresse: A liderança pode ser exigente, mas líderes emocionalmente saudáveis são mais capazes de gerenciar o estresse associado a suas responsabilidades e evitar que ele afete negativamente suas decisões e interações.

Para cuidar da saúde emocional como líder, é essencial:

- Reconhecer e expressar suas próprias emoções de maneira saudável;
- Praticar a escuta ativa com os membros da equipe;
- Promover um ambiente de trabalho que valorize o bem-estar e a resiliência;
- Fomentar uma cultura de apoio mútuo e feedback construtivo;
- Investir em momentos de descanso e lazer para evitar o esgotamento.

Lembre-se de que, como líder, o seu estado emocional pode afetar significativamente o ambiente de trabalho e a produtividade da equipe. Logo, estar ciente de suas emoções e promover uma liderança emocionalmente inteligente é essencial para o sucesso a longo prazo.

Em resumo, a saúde emocional nas empresas não é apenas benéfica para os funcionários individualmente, mas também para a empresa como um todo, impulsionando a produtividade, a satisfação dos funcionários e o sucesso a longo prazo.

Aqui estão algumas razões pelas quais a saúde emocional é essencial nas empresas:

1. Produtividade: funcionários com boa saúde emocional são mais propensos a serem produtivos. Eles têm mais motivação, concentração e capacidade de resolver problemas de forma eficiente.
2. Absenteísmo e rotatividade reduzidos: funcionários com saúde emocional prejudicada podem enfrentar altos níveis de estresse, ansiedade e até depressão, o que pode levar ao aumento do absenteísmo e da rotatividade (turnover) na empresa.
3. Ambiente de trabalho saudável: ao promover a saúde emocional, as empresas criam um ambiente de trabalho positivo, onde os funcionários se sentem apoiados, valorizados e compreendidos.
4. Trabalho em equipe e colaboração: a saúde emocional influencia as interações sociais no ambiente de trabalho. Funcionários com boa saúde emocional tendem a se comunicar melhor, cooperar e colaborar de forma mais eficaz.
5. Criatividade e inovação: uma mente emocionalmente saudável é mais aberta à criatividade e à inovação, pois permite que os funcionários enfrentem

desafios de forma mais construtiva e tenham pensamentos "fora da caixa".

6. Reputação da empresa: empresas que se preocupam com a saúde emocional de seus funcionários são vistas de forma mais positiva pela sociedade, o que pode ajudar a atrair talentos e clientes.
7. Redução de custos: investir em programas de saúde emocional pode ajudar a evitar custos relacionados a problemas de saúde física e mental causados pelo estresse e esgotamento no ambiente de trabalho.
8. Responsabilidade social corporativa: a preocupação com a saúde emocional dos funcionários demonstra um compromisso da empresa com o bem-estar geral e pode ser uma parte importante da responsabilidade social corporativa.

Lembre-se de que promover a saúde mental nas empresas é uma jornada contínua e deve envolver o comprometimento de toda a organização, desde a alta administração até os funcionários em todos os níveis. Ao criar um ambiente de trabalho que valorize a saúde mental, as empresas podem colher benefícios significativos, incluindo maior produtividade, satisfação dos funcionários, marca empregadora mais forte, manutenção de talentos... e tudo começa com os C-levels da organização.

DA BANCADA AOS NEGÓCIOS

A NEUROCIÊNCIA DA LINGUAGEM E COMO ELA PODE NOS AJUDAR A ENTENDER MELHOR NOSSAS EQUIPES

Pedro Shiozawa

"Speak to me in a language I can hear."
Smashing Pumpkins

O relatório de Tendências de Gestão de Pessoas de 2023, conduzido pelo GPTW Brasil e pela Great People, indica que 96,4% das pessoas consideram a saúde emocional um ponto relevante para a gestão de pessoas na empresa. Porém o tema apenas se torna estratégico quando estruturamos ações recorrentes que promovam uma cultura de segurança psicológica. Análises conduzidas pela Jungle® indicam que ambientes emocionalmente equilibrados apresentam quatro vezes menos turnover do que ambientes instáveis.

Mais ainda, identificamos que empresas psicologicamente seguras crescem 5,5 vezes mais em comparação a empresas com ambientes inseguros. A consultoria americana Delloite recentemente publicou um relatório olhando especificamente para ações e programas de saúde mental no ambiente corporativo e constatou um ROI (retorno de investimento) de 7 para a adoção de estratégias robustas em saúde emocional. Esses e outros dados tornam imprescindível o investimento das empresas no tema de saúde emocional.

O primeiro passo para um programa eficiente e mais assertivo em saúde emocional é o uso de ferramentas que consigam mapear de modo fidedigno características comportamentais de interresse dos diferentes grupos da empresa. Para isso, a partir de parcerias acadêmicas, nós nos debruçamos sobre ferramentas das neurociências a fim de trazer para a nossa prática os avanços mais significativos da análise comportamental dos dias de hoje: essa história tem seu início algumas décadas atrás.

Na década de 1980, descobriu-se que, quando as pessoas eram convidadas a escrever sobre transtornos emocionais em suas vidas, elas posteriormente evidenciavam melhorias na saúde física. Para encontrar um método de avaliação mais eficiente, os pesquisadores recorreram à promessa de programas computadorizados de análise de texto para avaliar as redações. Na época, não existia nenhum programa simples de análise de texto. Consequentemente, Martha Francis e Francis Pennebacker iniciaram a tarefa de desenvolver um sistema eficiente que pudesse explorar tanto os processos psicológicos quanto o conteúdo do que as pessoas escreviam ou falavam. Essa foi a pedra fundamental do processo de criação de algoritmos e análises computacionais direcionadas ao processamento de linguagem. Essas ferramentas têm embasado pesquisas no mundo todo a fim de estabelecer relações entre variáveis psicométricas e de linguagem.

Com o intuito de aproximar esses avanços da neurolinguagem ao mundo do trabalho, desenvolvemos em parceria com universidades nacionais e internacionais (Canadá e Estados Unidos) algoritmos que fazem a translação das ferramentas atuais de análise de linguagem com *outputs* de fácil compreensão, para gerarmos *insights* sobre o cenário organizacional. Atualmente, temos protocolos embasados em inteligência artificial que, por meio da aquisição de comentários abertos (como aqueles presentes já em diferentes pesquisas de clima organizacionais), usam ferramentas amplamente validadas na comunidade científica para gerar *outputs* de interesse.

Pesquisas e avanços focados tanto em inteligência artificial quanto em neurolinguística estão abrindo novas possibilidades de análise e aplicação prática para a psicologia social, psiquiatria, sociologia e outras áreas do conhecimento. Algoritmos de análise computacional conseguem processar um montante incomparavelmente mais expressivo de palavras do que testes tradicionais feitos nos consultórios ou nos centros de pesquisa comportamental de décadas anteriores. Também são incomparavelmente mais amplas as fontes de dados que podemos usar nos dias de hoje, em que conseguimos baixar milhares de escritos pessoais, transcrições de interações ou outras formas de texto que podem ser analisadas em segundos. A disponibilidade do uso de linguagem natural e os avanços dos recursos computacionais estão transformando a análise de linguagem e a ciência social modernas.

Ferramentas robustas de análise de texto têm se demonstrado capazes de analisar estruturas de linguagem mais complexas, aumentando a flexibilidade e permitindo ao pesquisador examinar categorias de linguagem específicas, capturando mesmo diferenças culturais espelhadas no uso da linguagem.

Tomemos por exemplo a possibilidade de avaliar a personalidade dos indivíduos, a maneira por meio da qual nos comunicamos com o nosso entorno, reagimos a estímulos e somos únicos. No estudo da personalidade, os questionários de autorrelato têm sido o padrão ouro por várias décadas. No entanto, eles refletem apenas um aspecto da personalidade, que são as teorias explícitas das pessoas sobre como elas pensam que são. O uso da linguagem é relativamente confiável ao longo do tempo, é internamente consistente e difere de forma considerável entre as pessoas. Medidas de personalidade baseadas em linguagem podem capturar processos de personalidade sutis, mais intimamente associados a resultados comportamentais objetivos importantes do que a medidas tradicionais.

Além disso, os avanços nos métodos estatísticos e no poder tecnológico estão criando novas oportunidades para estudar a personalidade em uma escala de Big Data, permitindo que os pesquisadores entendam melhor a natureza fundamental da personalidade.

Outro exemplo de aplicação de linguagem para trazer *insights* sobre a cognição das pessoas tem sido a avaliação de características fundamentais para o sucesso profissional e pessoal, como a criatividade. Compreendendo a importância da criatividade e a dependência que a humanidade tem dela, os pesquisadores têm estudado a pessoa, o processo e o produto criativos.

Tradicionalmente, a criatividade é avaliada por meio de questionários e tarefas, métodos que requerem avaliadores humanos; no entanto, a análise linguística oferece a oportunidade de avaliar a criatividade tanto diretamente quanto por meio das dimensões da personalidade. A análise linguística tem se demonstrado um método mais novo e mais eficiente de avaliar a criatividade que é automática e objetiva, eliminando a necessidade de envolvimento humano no processo de pontuação.

Ainda mais importante, a análise linguística oferece a possibilidade de ser uma forma totalmente válida de avaliação da criatividade, permitindo uma nova avaliação mais natural da criatividade humana. Dessa maneira, através de um texto em uma pesquisa de clima aberta ou mesmo durante o processo admissional, podemos ter informações adicionais para ajudar a empresa a entender melhor suas pessoas (Ahmed; Feist, 2021).

Tomemos como exemplo adicional a questão da liderança. Um estudo recente se debruçou sobre a linguagem usada por diretores executivos em teleconferências. O estudo examinou os padrões de uso da linguagem de CEOs em 215 empresas, analisando o foco próprio, o foco no outro e o afeto positivo e negativo. A pesquisa descobriu que o uso da linguagem prediz o desempenho da empresa. Em outras palavras, podemos antecipar as chances de sucesso e alcance de metas com base no perfil de liderança dos principais executivos, mais precisamente através da linguagem que eles usam enquanto reflexo de aspectos comportamentais e cognitivos (Brunze, 2022).

São múltiplas as pesquisas avaliando características comportamentais e cognitivas e estabelecendo as correlações entre essas variáveis de interesse e as variáveis da linguagem. Como último exemplo, gostaria de citar algumas pesquisas que abordaram a avaliação do papel social que um indíviduo pode assumir e como mensurar esse comportamento com base em linguagem.

Os autores de um estudo envolvendo aeronautas encontraram uma relação direta entre uso mais predominante do plural de primeira pessoa por parte do comandante com maior probabilidade de coesão da tripulação da aeronave (Helmreich; Sexton, 2000).

Em um outro estudo de conversas de mensagens instantâneas arquivadas entre parceiros românticos, o aumento do uso da primeira pessoa do plural nas conversas analisadas levou a maiores índices de satisfação e estabilidade no relacionamento (Slatcher *et al.*, 2008).

A análise da linguagem associada a ferramentas de inteligência artificial para otimização das análises tem sido a estrutura fundamental sobre a qual se constroem novos modelos de geração de *insights* sobre as pessoas. Antigas estratégias de pesquisa são bastante ancoradas em pesquisas de múltipla escolha, como questionários Likert, que por sua vez apresentam limitações inerentes à sua própria metodologia.

De maneira simplificada, as escalas Likert são um método comum de medir atitudes, opiniões e percepções no mundo da pesquisa. Elas consistem em uma série de afirmações que os respondentes classificam em uma escala de concordância ou satisfação, geralmente de "concordo totalmente" a "discordo totalmente". Apesar de ser simples e de fácil aplicação, esse método de testagem, muito utilizado em pesquisas de clima organizacional, tende a simplificar demais a complexidade e a diversidade dos fenômenos comportamentais estudados na neurociência comportamental, forçando os entrevistados a escolher entre um conjunto limitado de opções.

Adicionalmente, elas podem introduzir erros de medição, como desejabilidade social, aquiescência ou vieses de tendência central, que podem afetar a validade e a precisão dos dados. As escalas Likert também podem ser influenciadas pela redação, pela ordem e pelo número de afirmações, bem como pelo contexto e pela cultura dos respondentes. É possivel que elas não captem as nuances, razões e emoções por trás das avaliações dos entrevistados, o que pode exigir métodos qualitativos adicionais.

Assim, entendemos que hoje, graças aos avanços da neurolinguagem e de recursos de inteligência artificial, novas maneiras de avaliar o comportamento ou alcançar detalhes sobre a cognição dos indivíduos já são uma realidade que pode endereçar possíveis vieses metodológicos antes intransponíveis, como erros de avaliação decorrentes do uso de questionários de múltipla escolha, por exemplo.

Foi justamente essa provocação que nos levou ao desenvolvimento de pontes com o mundo acadêmico. Dois dos fundadores do ecossistema de empresas onde estamos inseridos, o ecossistema Great People, fizeram a seguinte provocação: "Como fazer uma pesquisa sem pesquisa?". Ruy Shiozawa e José Tolovi Jr., visionários como sempre foram, instigaram-nos a buscar respostas para essa ideia. Durante a busca, alcançamos mentes incríveis do universo das neurociências, que têm trazido com muita generosidade suas reflexões para o mundo organizacional, a cada dia contribuindo para que nosso esforço em entender melhor as pessoas seja mais fácil.

Estamos num caminho sem volta. No nosso objetivo, voltado à neurociência organizacional, estamos nos aproximando de verdades mais palpáveis sobre o cenário organizacional, suas nuances reais e características mais fidedignas. Esse é o ponto de partida mais certeiro para uma melhor tomada de decisão em tal ambiente.

Me recordo agora de um professor que dizia: "Aquele que não sabe o que procura não interpreta o que encontra". Hoje, tenho a certeza de que estamos mais próximos de entender melhor a riqueza de dados que temos em mãos e avançamos a passos largos rumo a estratégias mais assertivas e decisões baseadas em informações de mais qualidade. A máxima que permeia a missão e os valores de muitas empresas hoje – colocar as pessoas no centro – tem a ver justamente com isto: entender de maneira fidedigna nosso bem mais precioso.

O MUNDO BANI, ESTRESSE E ESGOTAMENTO

UM CENÁRIO QUE VOCÊ PRECISA CONHECER

Marcos Mendanha

"Don't stop believing, hold on to that feeling."
Journey

No século passado, enquanto o mundo experimentava uma série de rápidas mudanças e incertezas, o exército americano cunhou a sigla VUCA para descrever o contexto: Volátil, Incerto, Complexo e Ambíguo. Antes mesmo da era da internet se instaurar com todo o seu fervor transformador, as forças armadas, em sua perspicácia, identificaram um cenário em constante movimento e desordem, necessitando de táticas e estratégias altamente adaptáveis. Karl Marx, em uma observação quase profética, uma vez disse: "Tudo que é sólido desmancha no ar". Ele estava aludindo à natureza efêmera e transformativa do capitalismo e da modernidade. No entanto, décadas depois, Zygmunt Bauman, em sua obra *Modernidade líquida*, expandiu esse pensamento, argumentando que na contemporaneidade, as estruturas que dão ordem à vida humana estão se liquefazendo, tornando a existência ainda mais precária e volátil.

O acrônimo BANI emerge para descrever um mundo *Brittle* (Frágil), *Anxious* (Ansioso), *Non-linear* (Não linear) e *Incomprehensible* (Incompreensível). Apesar de muitos argumentarem que a terminologia BANI surgiu como uma atualização do VUCA em 2018, é essencial entender que as transições de paradigmas não são demarcadas de forma estanque no tempo. Elas se interconectam e coexistem, formando um mosaico da realidade humana. A fragilidade do mundo moderno está intrinsecamente ligada à velocidade com que informações e eventos são processados, amplificando o sentido de impermanência e vulnerabilidade.

Focando na letra "A" de BANI, a ansiedade torna-se uma consequência inevitável da velocidade do nosso mundo contemporâneo. Um exemplo elucidativo pode ser encontrado no universo das *startups* de tecnologia, nas quais o lema "mova-se rápido e quebre as coisas" impulsiona uma corrida frenética por inovação. Entretanto, essa necessidade constante de estar à frente, de adaptar-se rapidamente e de enfrentar uma competição acirrada pode levar ao estresse crônico. E, se não gerenciado adequadamente, pode evoluir para quadros graves como burnout, depressão e outros transtornos mentais.

Segundo a OMS, nos últimos anos o crescimento das taxas de transtornos mentais tem superado o crescimento populacional. Infelizmente, isso também se reflete nas estatísticas alarmantes de suicídios, um desfecho trágico e extremo da complexa interação entre estresse, esgotamento e a natureza volátil do mundo em que vivemos.

A não linearidade é outra característica inerente ao mundo BANI. Em minha própria experiência profissional, percebi que os planejamentos baseados em previsões, outrora uma prática padrão das empresas em que trabalhei, tornaram-se cada vez mais erráticos. Essa erraticidade é um testemunho vivo da incompreensibilidade de nosso mundo, onde variáveis incontáveis interagem em padrões muitas vezes impossíveis de prever.

Finalmente, é relevante mencionar que o conceito VUCA, em sua origem, não poderia prever completamente o impacto avassalador da internet sobre nosso mundo. Da mesma forma, o BANI não antecipou a magnitude de mudanças trazidas pela pandemia global. Ambos os acrônimos, em suas respectivas épocas, tentam dar sentido a um mundo em constante transformação, mas cada um tem suas limitações diante da imprevisibilidade da história humana.

O mundo BANI e o conflito geracional

Em uma análise retrospectiva das gerações e seus desafios, observa-se uma nítida evolução nas preocupações centrais que moldaram cada era. Nossos bisavós, inseridos em um contexto beligerante, tinham como única ambição a sobrevivência em meio a horrores indizíveis da guerra. Já os nossos avós, emergindo do caos pós-guerra, almejavam a estabilidade de um emprego seguro e uma vida digna. Contrapondo-se a essas gerações, a Geração X, a qual pertenço, encontrou-se em uma realidade em que o conceito de felicidade foi deslocado do plano da sobrevivência para o epicentro de suas aspirações.

O século XX foi marcado por uma sociedade disciplinar, dominada por restrições e normas rígidas. A ideia predominante era a da negação – "não pode", "não deve". Autores como Michel Foucault exploraram profundamente esse aspecto em suas obras, como em *Vigiar e punir: o nascimento da prisão*, discorrendo sobre os mecanismos de controle e poder. No entanto, o cenário mudou radicalmente com a chegada do novo milênio. A liberdade agora instaurada, como observou o filósofo Jean-Paul Sartre em *O existencialismo é um humanismo*, é uma maldição disfarçada: estamos condenados à liberdade. Em outras palavras, nossa imensa liberdade carrega consigo a angústia inerente da escolha, da indecisão e da responsabilidade. Assim, o "A" de BANI poderia muito bem representar não apenas "Ansiedade", mas também "Angústia".

A Geração Z, crescendo em um mundo digital e interconectado, reflete essa multiplicidade de escolhas e o dilema da liberdade. Ela é caracterizada por ser fragmentada, com uma variedade de identidades e culturas coexistindo, mas também é notoriamente pragmática. Pesquisadores como Corey Seemiller e Meghan Grace, em seu livro *Generation Z Goes to College*, traçam um perfil dessa geração, destacando sua habilidade em equilibrar ideais com a realidade, e sua propensão a buscar soluções pragmáticas para problemas complexos.

Em grandes corporações, a interação entre diferentes gerações pode ser um caldeirão de inovação e novas perspectivas. No entanto, também é uma fonte potencial de tensão e conflitos que, se não forem geridos de maneira adequada, podem ter um impacto real na saúde mental dos funcionários. Tomemos como exemplo o estudo da IBM, "Myths, Exaggerations and Uncomfortable Truths", realizado em 2014. Enquanto desvendava o mito de que diferentes gerações tinham necessidades profissionais completamente distintas, também sublinhou a necessidade compartilhada de propósito e inspiração no trabalho. Falhar em atender a essas necessidades ou mal-entendidos intergeracionais pode levar a um sentimento de desvalorização ou isolamento, desencadeando estresse e ansiedade.

A General Electric (GE) enfrentou desafios relacionados à saúde mental quando introduziu o programa "FastWorks". Na tentativa de acelerar o desenvolvimento de produtos e promover uma mentalidade mais ágil, a empresa inadvertidamente criou tensões entre funcionários de diferentes gerações. Funcionários mais antigos, acostumados a métodos tradicionais, sentiram-se pressionados, por vezes deslocados, gerando sentimentos de inadequação. A mudança rápida não apenas desafiou suas habilidades profissionais, mas também abalou seu bem-estar emocional e mental.

Em suma, enquanto as circunstâncias e desafios enfrentados por cada geração são moldados por contextos históricos distintos, todos enfrentam a tarefa comum de navegar por um mundo em constante mudança.

A Geração Z, em particular, representa um marco na evolução das gerações, nascida em um mundo já definido pela fluidez e volatilidade. Para empresas e líderes, reconhecer e compreender essas diferenças geracionais não é apenas uma necessidade estratégica, mas uma imperativa moral. Em um mundo BANI, onde a única constante é a mudança, criar pontes entre gerações e cultivar um entendimento mútuo não é apenas benéfico para os negócios, mas crucial para a coesão e resiliência da sociedade como um todo.

Não é só generosidade, também é conta

As práticas modernas de gestão vêm reconhecendo a importância do bem-estar emocional e mental dos funcionários. Mas essa preocupação não se deve somente à generosidade e ao ideal de construir uma sociedade melhor; ela tem raízes firmemente plantadas nos fatores econômicos.

Além dos prejuízos à saúde mental, as consequências de um ambiente prejudicial também são econômicas. No mundo, estima-se que foram perdidos cerca de 12 bilhões de dias de trabalho e 1 trilhão de dólares devido a depressão e ansiedade (WHO, 2022). Há ainda a estimativa adicional de 50% de prejuízo também causados por custos indiretos, como perda de produtividade (presenteísmo). No Brasil, mais de 200 mil pessoas foram afastadas para o INSS por conta de doenças mentais somente em 2021.

O cenário torna-se ainda mais crítico quando consideramos o impacto do burnout. Segundo um relatório de 2017 da Harvard Business Review, o distúrbio emocional é responsável por entre US$ 125 bilhões e US$ 190 bilhões em despesas de saúde a cada ano nos Estados Unidos, isso mesmo antes da pandemia. Dessa forma, as empresas que investem proativamente em programas de bem-estar mental não apenas preservam seus talentos como também economizam significativamente.

Por outro lado, as práticas de bem-estar no local de trabalho não são apenas uma estratégia defensiva para evitar custos. Elas também representam uma oportunidade imensa de crescimento de receita. Com o avanço das discussões sobre práticas ESG, a nova geração de consumidores está mais informada do que nunca. Antes de fazer uma compra ou investir em uma marca, muitos avaliam as práticas corporativas, por exemplo relacionadas à saúde mental e ao bem-estar dos funcionários.

Um exemplo ilustrativo é o da Starbucks. A gigante do café, reconhecendo a importância do bem-estar de seus funcionários, investiu, em 2020, em uma parceria com a Lyra Health, entregando para colaboradores e familiares acompanhamentos em saúde mental com um terapeuta ou coach. Esse investimento não apenas melhorou a moral e a saúde mental de sua equipe como também se traduziu em uma imagem de marca positiva, impulsionando a fidelidade e o consumo.

E, embora o lucro gerado a partir da ênfase no bem-estar dos funcionários possa soar mal para alguns, devemos celebrar essa mudança. Por quê? Porque mostra que a economia e a empatia não são mutuamente exclusivas. Na verdade, colocar as pessoas no centro não é apenas um ato moralmente correto, mas também uma decisão empresarial inteligente. A mescla entre o bem-estar dos funcionários e o lucro das empresas é uma indicação de que a saúde mental finalmente recebeu a atenção que merece em todos os aspectos da sociedade.

E em meio a esse cenário do mundo BANI, as organizações e indivíduos se encontram em um ponto crítico. A interação de diferentes gerações no ambiente de trabalho e os desafios associados à saúde mental não são apenas tópicos para discussões acadêmicas; são questões centrais que determinam a saúde e a sustentabilidade das empresas no cenário atual e futuro.

O cuidado com a saúde mental transcende a generosidade e se estabelece como uma necessidade econômica, em que a prevenção e o cuidado se mostram não apenas elementos éticos, mas alavancas potentes para a rentabilidade e sustentabilidade das empresas. As organizações que enxergam e agem proativamente diante dessa realidade não apenas prosperarão no futuro como também definirão novos padrões para uma economia mais humana, resiliente e adaptável.

A convergência entre bem-estar individual, saúde organizacional e lucratividade é inegável. Assim, à medida que avançamos para um futuro incerto, uma coisa permanece nítida: colocar as pessoas no centro não é apenas a decisão moral correta, e sim a estratégica. Em um mundo onde "tudo que é sólido desmancha no ar", a capacidade de cuidar, adaptar-se e evoluir é a âncora que todas as organizações precisam para navegar com sucesso.

DO BENEFÍCIO À ESTRATÉGIA

COMO O CONCEITO DE SAÚDE E QUALIDADE DE VIDA VEM EVOLUINDO NO MUNDO DO TRABALHO E IMPACTANDO A GESTÃO DE PESSOAS

Daniela Diniz

"Let's work together, come on,
come on, let's work together."
Canned Heat

Em dezembro de 2001, após um mergulho de dois meses em pesquisas sobre depressão e entrevistas com psicólogos, psiquiatras, executivos da indústria farmacêutica e líderes de empresas diversas, eu escrevi a reportagem "Além do próprio limite", veiculada na revista *Exame*, publicada pela Editora Abril à época. Havia apenas uma foto que ilustrava a reportagem, do único "personagem" que autorizou sua entrevista em *on* (no jargão jornalístico, sem anonimato), o ex-presidente de um banco, na faixa dos sessenta anos.

Em um depoimento de mais de duas horas em sua residência, ele me descreveu a depressão que sofrera alguns anos antes, impossibilitando-o de seguir com as tarefas do dia a dia, o que o fez se afastar da empresa por quase um ano. Ainda hoje me lembro do silêncio daquela entrevista e dos detalhes que o executivo me contou: "Parei de dirigir, só assistia a programas de humor; tinha alucinações, como achar que comer laranja provocaria um câncer, e não conseguia assinar mais um cheque".

A coragem ao compartilhar esse período difícil da sua vida não foi apenas incomum, mas extremamente rara naquele início de milênio em que os líderes ainda eram os super-homens (e algumas poucas mulheres-maravilhas) no mundo corporativo. Entrevistei mais três executivos para essa reportagem — com diferentes idades e em diferentes funções nas empresas —, mas nenhum concordou em revelar sua identidade. O motivo era simples: apesar de a OMS já apontar àquela época que a depressão seria a doença que mais mataria as pessoas no século XXI, atrás apenas das relacionadas ao coração, falar sobre isso era um grande tabu, especialmente em meio à liderança.

Um exemplo nítido disso é que não se falava em *saúde mental* ou *emocional* — uma expressão que ganhou força com a pandemia de Covid-19 e trouxe um pouco mais de "leveza" ao tema. Afinal, estamos falando de saúde, e não de doença. As palavras que rodeavam a temática variavam entre as mais pesadas, como "transtorno", "problema", "fraqueza", "crise", e as expressões e frases, entre as mais pejorativas, como "frescura"; "dá um tanque de roupa para lavar que passa"; "não vai dar conta"; "vai chorar no banheiro"; e por aí vai.

Este era o ambiente corporativo do início dos anos 2000: um lugar extremamente hierarquizado, cheio de pressão, carregado de preconceitos, estereótipos e, acima de tudo, ignorância sobre a natureza humana.

Gente é uma coisa, funcionário é outra

Importante ressaltar aqui que não estamos julgando o passado. Esse é um retrato da forma como as pessoas se relacionavam nas empresas entre o final da década de 1990 e início dos anos 2000. Ao contrário do que já dizia Peter Drucker na mesma época da minha reportagem — "Eles são pessoas; não funcionários" — sobre a forma como deveríamos olhar para os profissionais, a gestão vigente de pessoas ainda estava mais para uma gestão de recursos, colocando uma barreira bem grande entre a vida pessoal e profissional.

A ideia de vestir literalmente a roupa do trabalho e pegar a máscara mais adequada àquele ambiente era algo natural para os empregados. Por sua vez, os chefes não queriam saber muito da vida da sua equipe. O que importava era performance e resultado, cobrados muitas vezes de forma hostil. Era possível reconhecer a hierarquia das funções até na arquitetura dos edifícios e na disposição dos móveis — quanto maior a mesa, mais importante seu cargo —, e havia um tom mais sóbrio nas conversas entre os líderes e seus times, revelando sempre um diálogo entre crachás, e raramente entre pessoas. Nesse ambiente frio, havia pouca abertura para falar de si, da sua família, dos seus hobbies e muito menos dos seus sentimentos.

Podemos observar esse retrato do trabalho (e a evolução nas políticas e práticas voltadas ao equilíbrio e bem-estar dos trabalhadores) nos dados colhidos ao longo de 25 anos pela consultoria global Great Place to Work, responsável pelo ranking das Melhores Empresas para Trabalhar no Brasil. Em 2006, por exemplo, após dez anos de pesquisa, apenas 68% dos funcionários respondentes concordavam que *as pessoas eram encorajadas a equilibrar sua vida profissional e pessoal.* Em 2021, no vigésimo quinto ano da pesquisa, 88% concordavam com essa afirmativa (Diniz, 2022).

Dentre os fatores que começaram a impulsionar o movimento "pró-qualidade de vida" nas empresas estão um número crescente de artigos e pesquisas falando sobre a importância desse tema na produtividade e no engajamento dos funcionários, bem como a entrada da Geração Y ou dos Millennials (pessoas nascidas entre 1980 e 1996) no mercado de trabalho, mais preocupada em ter uma vida saudável e avessa às horas de labuta valorizadas pelos seus antecessores. No Brasil, ganhou repercussão também, no início dos anos 2000, a obra *O ócio criativo*, do sociólogo italiano Domenico De Masi, que trazia um novo conceito para a relação de trabalho, calcado em três pilares: o trabalho em si (a função propriamente dita); o estudo (o aprendizado contínuo); e a parte lúdica (o ócio), que foi traduzido como uma forma importante de colocar pausas na rotina para evitar a mecanização do trabalho.

O próprio Great Place to Work passou a incluir mais questões em sua pesquisa para entender o impacto que a qualidade de vida tinha no engajamento dos funcionários e na percepção sobre um bom ambiente de trabalho. Em 2006, por exemplo, adicionou a alternativa "o fato de a empresa me proporcionar equilíbrio entre minha vida pessoal e profissional" à questão "o que faz você ficar na sua empresa?", para identificar o grau de importância da qualidade de vida no índice de permanência dos funcionários. Entre os anos de 1997 e 2005, apesar de a questão já existir, a opção que apontava a qualidade de vida como um fator de permanência não era oferecida — talvez porque a cultura que prevalecia nos ambientes corporativos ainda não desse abertura para falar sobre isso, ou simplesmente porque se esperava que o principal motivo para ficar numa empresa estivesse "obviamente" atrelado à projeção na carreira e à remuneração; jamais a aspectos ligados à saúde e ao bem-estar.

O fato é que, ao introduzir essa questão na pesquisa, ainda que dez anos após o início dos estudos no Brasil, conseguimos avaliar o peso que o chamado "equilíbrio entre vida pessoal e profissional" começa a ter na análise dos funcionários sobre o seu ambiente de trabalho. E aí a história fica mais interessante. No primeiro ano de análise, já percebemos que ter ou perceber uma qualidade de vida no trabalho era o segundo principal motivo de permanência dos empregados (32%), ficando atrás apenas das oportunidades de crescimento e desenvolvimento (48%) e bem acima do fator remuneração e benefícios (16%). De 2006 para cá, percebemos que *o fato de a empresa proporcionar equilíbrio entre vida pessoal e profissional* segue em segundo lugar no ranking dos motivos de permanência, com um percentual menor (21%), porque foi incluída a essa pergunta o motivo *o alinhamento entre os valores pessoais e os da organização,* que não aparecia em 2006.

Ao identificar a crescente busca dos profissionais pelo trabalho com realização e prazer (que não seja apenas uma tarefa mecânica, mas que possibilite trocas mais humanas), algumas organizações começam a inaugurar práticas voltadas à qualidade de vida. É nesse momento da história do trabalho que começamos a observar pausas para a ginástica laboral, café da manhã e da tarde entre alguns turnos, academias de ginástica, programas para estimular exercícios físicos, campanhas antitabagismo e as famosas salas de descompressão.

Para quem está abaixo da linha da Geração X, explico: as salinhas de descompressão nasceram com a proposta de oferecer ao colaborador um espaço de desconexão temporária do trabalho. Você poderia ir lá para deitar-se numa rede, fazer uma massagem rápida, jogar videogame ou apenas dar uma alongada. Estrategicamente, a sala costumava ficar afastada das dependências centrais da empresa, e, embora a área de recursos humanos se orgulhasse de mostrar seu avanço nesse setor, os líderes olhavam com certa desconfiança para essa prática, demonstrando muitas vezes irritação com os que davam seus perdidos na salinha.

O peso da cultura

Essa resistência revela um importante alerta para toda as práticas de gestão de pessoas que surgem sem o envolvimento da liderança, algo que demorou alguns anos para as áreas de RH perceberem. Práticas isoladas não se sustentam sem uma cultura sólida, e quem dá o tom dessa cultura são os líderes.

O americano Robert Iger, que retornou à presidência da Disney no final de 2022, após ter se aposentado dois anos antes, retrata muito bem, em seu livro *Onde os sonhos acontecem*, o peso que a cultura organizacional tem no comportamento, na atitude e nas decisões das pessoas. Assim que entrou na empresa, como líder da divisão de mídia, percebeu o abismo que havia entre a cultura da casa do Mickey e a Capital Cities/ABC, de onde ele vinha e que tinha acabado de passar pela fusão com a Disney. "A cultura corporativa com a qual nos acostumamos estava prestes a terminar. A Disney era mais agressiva, mais criativa, mais uma criatura de Hollywood do que a empresa em que todos trabalhávamos", conta Iger (2020) em seu livro.

Mais do que apenas uma percepção do ambiente, ele comprova essa diferença quando o trabalho entra em ação. Ao dar sinal verde, por exemplo, para o lançamento de uma revista voltada ao público feminino, recebeu imediatamente a ligação do diretor de planejamento estratégico, que ligava em nome do seu chefe, passando o recado de que Iger não tinha permissão para expandir, investir ou iniciar algo novo sem uma análise completa do seu time. Ao ignorar a recomendação — ou *ordem* — da área, o executivo ouviu a seguinte frase: "Não trabalhamos assim na Disney".

Deu para perceber por essa passagem contada no livro um traço hierárquico e extremamente burocrático da cultura da Disney naquela época. Trago esse episódio para ilustrar o que percebi no período em que as práticas voltadas à qualidade de vida começaram a ser introduzidas nas empresas. De nada adiantava montar uma sala de descompressão, construir uma academia de ginástica, oferecer lanche, ginástica laboral e cadeira de massagem, se a liderança acha tudo isso uma bela de uma frescura. No final das contas, quando a cultura ainda é pautada no comando, controle ou pressão por resultados, oferecer esses benefícios soa hipócrita e totalmente insustentável. Cansei de ver academias e salas de descompressão vazias (e que geravam, inclusive, prejuízos financeiros), pois as pessoas não se sentiam à vontade em dar uma escapada do expediente a fim de cuidar do corpo e da mente. "Pegava mal sair com a marquinha da touca da massagem na testa", diziam.

Ou você muda ou eles mudam

Apesar de alguns poucos líderes já começarem a entender que uma gestão mais próxima e mais humanizada — época da "política de porta abertas" e "cafés com presidentes" — traz benefícios para todos, inclusive para o negócio, o principal motivo para que o tema qualidade de vida ganhasse mais espaço nas empresas foi o risco de perder talentos. Empresas que insistiram (e muitas ainda insistem) em criar barreiras entre vida pessoal e profissional, deixando claro que da porta do escritório para dentro não se brinca (e muito menos se tira um cochilo), começam a concorrer com outras que estão ali chamando os candidatos para uma partida de pingue-pongue no meio da sala de reuniões e permitindo que usem até pantufas no trabalho (qualquer alusão à cultura do Google nesta época não é mera coincidência).

A grama do vizinho começa a ficar não somente mais verde, mas muito mais divertida. A ideia de que o trabalho deixa de ser uma coisa chata e pesada e passa a ser um lugar onde posso ser "eu mesmo", sem máscaras, e onde é permitido ganhar dinheiro *e* ter prazer *e* ser feliz começa a ganhar a força, gerando novas expectativas nos profissionais. Empresas mais conservadoras e regidas sob uma gestão da década de 1990 começam a perceber um desconforto e desalinhamento nos times. E, em maior grau, a fuga de talentos.

Um exemplo recente desse movimento é a rebelião dos funcionários do Goldman Sachs, nos Estados Unidos, contra as jornadas exaustivas de trabalho. No primeiro semestre de 2020, por meio do Twitter, eles divulgaram uma apresentação de onze páginas, escancarando o modelo abusivo de trabalho do banco de investimento americano, um dos maiores conglomerados do mercado financeiro.

> Os slides foram compartilhados com a direção da instituição em fevereiro e incluem uma pesquisa com 13 analistas de primeiro ano – cargo de quem inicia sua carreira com contrato na empresa. Os resultados revelam uma cultura corporativa baseada em espremer seus funcionário até o limite: em média, eles trabalham 95 horas semanais, dormem cinco horas por dia e costumam se deitar por volta das três da madrugada [...]. Os números são acompanhados por vários depoimentos, todos

> anônimos, de vítimas desse frenesi trabalhista. "Não consigo dormir, minha ansiedade está nas nuvens", diz um deles. "Às vezes, eu não comia, não tomava banho nem fazia mais nada a não ser trabalhar de manhã até depois da meia-noite", afirma outro. "Isso vai além de um conceito de trabalho duro. É desumano, um abuso", reclama um terceiro. Todos afirmam que seu relacionamento com a família e com os amigos foi prejudicado, e três quartos admitem ter pensado em buscar ajuda para enfrentar o estresse. Os candidatos a vagas em bancos de investimento de Wall Street são avisados, ao chegar, de que seu trabalho não terá nada a ver com uma jornada tranquila de oito horas por dia. A exigência é máxima. E a promessa de um futuro salário deslumbrante à medida que forem sendo queimadas etapas é o combustível que move a engrenagem. A mensagem é: resista agora para colher os frutos depois (Sánchez, 2021).

Esse exemplo mostra como as expectativas sobre um trabalho ideal mudaram ao longo do tempo, com o avanço da tecnologia e as novas gerações — já não estamos falando apenas da Geração Y, mas também da Geração Z (nascidos em meados dos anos 1990 até 2010). A ideia de que é "normal" eu trabalhar até a exaustão porque terei a recompensa lá na frente não faz mais sentido numa vida que deixou de ser linear e que se pautava em três grandes fases: estudar, trabalhar e se aposentar. Hoje, as pessoas estudam, trabalham, divertem-se, viajam e até se casam e descasam em ordens não previsíveis. Portanto, a vida de recompensas no futuro deixa de fazer sentido para as novas gerações, que não aceitam mais os contratos estipulados pelas empresas com mentalidade e cultura do passado.

Isso traz uma grande implicação para as relações de trabalho e a gestão de pessoas: ou aceito que o mundo mudou e passo a revisitar minha cultura, entendendo que oferecer flexibilidade, saúde e tempo são elementos mais valiosos do que dinheiro, ou eu vou perder pessoas.

As Melhores Empresas para Trabalhar vêm percebendo isso há mais tempo. Não à toa, dentre as 41 afirmativas da pesquisa, a que mais sofreu variação (20 pontos percentuais) entre 1997 e 2021 foi "as pessoas são encorajadas a equilibrar sua vida profissional e pessoal" (olha ela aí de novo), revelando que, apesar de termos muito ainda a amadurecer, algo está sendo feito nesse sentido. As principais ações das melhores empresas para proporcionar um ambiente de trabalho mais saudável e promover mais qualidade de vida estão relacionadas à flexibilidade: licenças sabáticas (remuneradas e não remuneradas), day-off (prática que ganhou muita popularidade nos últimos cinco anos), horário flexível, home office e licença-maternidade e paternidade estendidas.

A próxima fase

Devemos reconhecer que, nesses vinte anos de transição do mundo do trabalho, aprendemos a valorizar mais as relações pessoais e permitir que a vida de cada um invadisse mais o escritório. Nesse sentido, passamos a nos preocupar mais com as pessoas por trás do crachá e oferecer benefícios, programas e válvulas de escape para compensar as horas de dedicação, a pressão por resultados e alcance de metas. Segundo a RAND Corporation, um *think tank* americano, cerca de 50% dos empregadores nos Estados Unidos com mais de 50 funcionários e 92% dos que têm mais de 200 ofereciam algum tipo de programa relacionado a bem-estar em 2009. Esses programas encorajavam os empregados e seus familiares a fazer exercícios, parar de fumar, se alimentar de forma mais saudável, restringir a ingestão de álcool e monitorar os vários marcadores de pressão arterial e colesterol para manter os níveis saudáveis.

Tudo isso foi um grande avanço, mas não é o suficiente. É preciso que as organizações passem de fase na construção de um ambiente saudável, tratando agora do tema como *estratégia*, e não mais um *benefício.*

O americano Jeffrey Pfeffer, professor de comportamento organizacional de Stanford e autor de *Morrendo por um salário*, faz esse alerta de modo contundente. Segundo ele, como forma de combater os elevados custos médicos, a perda de produtividade e o custo de repor pessoas que deixavam seus empregos por doença, as empresas (e os governos) no mundo todo passaram a criar programas para melhorar a saúde e o bem-estar do trabalhador. "Tais iniciativas, no entanto, concentram-se quase exclusivamente em influenciar decisões individuais, como dieta, exercícios, tabagismo e abuso de álcool e substâncias, deixando o contexto — o ambiente de trabalho — que afeta os níveis de estresse das pessoas e, consequentemente, seu comportamento, de lado" (Pfeffer, 2019).

Para ele, essas ações, embora válidas, são muito pequenas (ou estreitas) diante do que estamos enfrentando hoje: uma pandemia de estresse, ansiedade e outros distúrbios causados ou acentuados pelo trabalho.

Os números a seguir dão dimensão do tamanho do desafio dessa próxima fase:

- 301 milhões de pessoas sofrem com ansiedade;
- 280 milhões de pessoas vivem com depressão;

- 15% dos adultos em idade ativa já tiveram um transtorno mental;
- 12 bilhões de dias são perdidos todos os anos para a depressão e a ansiedade;
- Segundo o American Institute of Stress, o estresse relacionado ao trabalho custa às organizações mais de 300 bilhões de dólares anualmente e causa mais de 120 mil mortes a cada ano;
- 61% dos empregados afirmam que o estresse atrelado ao trabalho os faz doentes e 7% dizem ter sido hospitalizados pela mesma causa;
- Na China, mais de um milhão de pessoas por ano estão morrendo por excesso de trabalho.

No Brasil, apesar de as estatísticas não serem muito fiéis, algumas pesquisas indicam que até 32% da população economicamente ativa no país sofre de complicações patológicas decorrentes do trabalho, o chamado burnout, que ganhou mais evidência após a OMS tê-lo classificado como doença ocupacional. Esse indicador coloca o país em segundo no número de casos, ficando atrás apenas do Japão (Lichotti, 2023).

Em 2020, por exemplo, a concessão de auxílio-doença e aposentadoria por invalidez decorrente de transtornos mentais e comportamentais bateu recordes.

Segundo dados da Secretaria Especial de Previdência e Trabalho (SEPRT), foram mais de 576 mil afastamentos, uma alta de 26% em relação a 2019. De acordo com a pesquisadora Sara Evans-Lack, da London School of Economic, isso causa um prejuízo em termos de produtividade na ordem de 78 bilhões de dólares para o país.

Uma nova gestão de pessoas

Diante desse cenário, fica evidente que os artefatos de bem-estar que foram oferecidos até aqui — com mais ou menos investimento das empresas — não são mais suficientes para lidar com essa questão. Ela é mais urgente e muito mais profunda, exigindo das lideranças uma nova forma de gerir pessoas.

O primeiro passo é descontruir padrões e premissas sobre a relação horas trabalhadas *versus* desempenho. Já está mais do que comprovado que tanto produtividade quanto engajamento não são frutos de uma dedicação exaustiva ao trabalho. Um estudo de John Pencavel (2014), professor de economia da Universidade Stanford, descobriu, por exemplo, que a produtividade por hora diminui drasticamente quando uma pessoa trabalha mais de cinquenta horas por semana. Após 55 horas, a produtividade cai tanto que colocar mais horas seria inútil. Aqueles que trabalham até setenta horas por semana estão rendendo apenas a mesma quantidade de trabalho que aqueles que trabalham 55 horas. Ainda assim, a nossa natureza humana (ou nosso ranço industrial) tende a valorizar os workaholics. Segundo a psicanalista americana Anna Lembke (2022), o vício pelo trabalho talvez seja o único ainda valorizado pela humanidade e estimulado pela sociedade.

O segundo passo é prestar atenção nas sábias palavras de Peter Drucker, de 2002, e mudar o relacionamento com os times: "Eles são pessoas, e não funcionários". Durante boa parte da história do trabalho, aprendemos a focar apenas os 20% melhores da empresa, os chamados *high potential* ou os talentos promissores, colocados sempre acima da curva ou na melhor caixinha nas clássicas avaliações de desempenho. Ao restante, o básico. Hoje, é necessário olhar para todos — fazer a gestão *for all* — e incluir cada um na estratégia. Não é só por uma agenda de diversidade e inclusão, que também desponta mais recentemente, mas principalmente porque as pessoas hoje esperam um atendimento mais justo, personalizado e humano, o que vai contra anos de uma gestão de pessoas mais industrial, pautada em relações commodities e benefícios pasteurizados.

É preciso estar próximo das pessoas e se interessar genuinamente por elas. Para isso, é necessário romper com a cultura da divisão de vida pessoal e profissional, ainda muito presente em diversos lugares. Quanto mais próximo o líder estiver de seu time (a ponto de conhecer os sonhos de cada um, por exemplo), mais humana se torna essa relação, um passo importante para que as pessoas não temam ser elas mesmas, mostrem sua vulnerabilidade e, principalmente, peçam ajuda quando necessário.

O terceiro passo para uma nova gestão de pessoas que vise ter profissionais (e empresas) mais saudáveis é traduzir o propósito do seu negócio para os funcionários. Quanto mais as pessoas entenderem o quanto o seu trabalho impacta o todo, maior seu senso de pertencimento e alegria na função — seja ela qual for. Como líder, é importante que você consiga ter na sua equipe mais profissionais que, ao serem questionados sobre sua atividade, respondam "eu construo catedrais" do que aqueles que vão dizer "eu corto pedras", numa alusão à famosa parábola sobre os dois pedreiros contratados para a construção de uma igreja e a resposta que cada um dá quando indagado sobre o que estava fazendo ali.

Por fim, e não menos importante, é fundamental medir e ter indicadores à sua disposição. "O que é medido ganha atenção. O que não é medido geralmente passa a ser ignorado", diz Pfeffer (2019). Ao conhecer de verdade cada funcionário (ou melhor, pessoa) e como ele tem se relacionado com o trabalho, você poderá usar a tecnologia e a ciência a seu favor para entender como está realmente a saúde de cada um, a fim de apoiar da melhor forma aqueles que vão precisar de apoio. Pesquisas de clima, feedbacks, pesquisas focadas na saúde mental e emocional e indicadores de saúde são aliados na busca por uma gestão mais saudável.

Passamos da fase de jogar pufes coloridos e oferecer massagens e mesas de pingue-pongue para aliviar a tensão e diminuir a mecanização do trabalho. Essa foi a primeira camada da cebola. É preciso, agora, ir mais fundo — e isso passa pela transformação do relacionamento no trabalho, pela mudança de mentalidade e cultura sobre resultados e desempenho e, principalmente, pelo entendimento de que ambientes e líderes tóxicos afastam e destroem pessoas, corroendo a perenidade dos negócios.

SAÚDE MENTAL NO TRABALHO

PRINCIPAIS ETAPAS PARA A CONSTRUÇÃO DE UM PROGRAMA DE SAÚDE MENTAL EFICAZ NO LOCAL DE TRABALHO

Pedro Shiozawa

"Hey you, don't tell me there's no hope at all.
Together we stand, divided we fall."
Pink Floyd

Qual o caminho mais eficiente e rápido para o desenvolvimento de um programa de saúde mental de impacto na organização? Essa é uma pergunta que frequentemente ouvimos quando iniciamos um processo consultivo, independentemente da área de atuação da companhia. Não há uma resposta simples para tal indagação. Na verdade, a ideia de um produto que sirva para todos é um grande equívoco. Cada empresa, em decorrência de sua cultura e das suas características únicas, tem um caminho distinto a trilhar rumo à melhor resposta em saúde mental. Mas há, sim, alguns pontos que podem ser partilhados e têm se mostrado altamente relevantes. Vamos nos debruçar a seguir sobre eles.

Aprendemos nesse caminho sempre em revisitação que, de modo geral, abordar saúde mental assertivamente é um processo que deve contar com alguns pilares fundamentais, a saber: entender as características únicas que compõem cada equipe, capacitar as lideranças sobre seu papel no processo de gestão emocional, disponibilizar informação e conteúdo relevante para acompanhar o processo e desmistificar temas centrais, dar suporte e tutoria especializada e colocar ênfase na quebra de estigma e na construção de cultura.

Entendendo cada time

Entender o que faz cada time único é um ponto de partida fundamental. É necessário conhecer o terreno antes de decidir o que plantar, não é mesmo? Assim, entender o perfil comportamental, de bem-estar, o que engaja cada time, quais as principais características de personalidade, onde está o foco das pessoas, qual o perfil de inovação e outras questões relevantes é uma excelente abordagem para direcionar melhor o olhar e traçar uma estratégia mais efetiva. No cenário atual, em que inúmeras pesquisas de clima organizacional são uma realidade, é notável o interesse dos times de RH e gestão em buscar conhecer melhor seus times, bem como implementar estratégias de educação continuada e capacitação. Os melhores ambientes para se trabalhar com certeza são também aqueles que colocam as pessoas no centro de sua estratégia, como já discutimos amplamente em outras oportunidades.

Lembrando nosso valor de basear nossos passos em neurociência de ponta, essa análise inicial do perfil de cada time hoje conta com algoritmos de inteligência artificial de última geração, continuamente desenvolvidos em parceria com nosso Laboratório de Neurociência Organizacional em conjunto com renomados centros de pesquisa nacionais e internacionais. A ideia é trazer as mais instigantes descobertas da neurolinguagem e da neurociência para entender melhor as pessoas. Hoje, nosso protocolo de análise usa, por exemplo, apenas comentários abertos de pesquisas de clima organizacional para traçar o perfil dos times, sem a necessidade de pesquisas Likert ou entrevistas mais exaustivas. Essas análises estão fortemente ancoradas em uma extensa literatura científica que valida as conclusões alcançadas e soma uma importante vantagem ao processo de geração de hipóteses: a maneira como nos expressamos diz muito sobre nós mesmos, trazendo percepções que ultrapassam as possibilidades de questionários de múltipla escolha. Assim, nossos algoritmos fazem a translação das ferramentas atuais de análise de linguagem com *outputs* de fácil compreensão para gerar *insights* sobre o cenário organizacional, terreno fértil sobre o qual podemos construir um ambiente onde a saúde mental seja vivenciada de maneira real pela empresa.

Com o fundamental suporte da neurociência e da inteligência artificial, podemos alcançar algo impensável anteriormente e trazer dados de alta qualidade e relevância para suportar a tomada de decisões no ambiente de trabalho. Dentre os principais *insights*, destacamos alguns a seguir.

Índice de bem-estar: trata-se de uma nota que varia de 0 a 100 e representa um termômetro emocional das esquipes analisadas. Esse índice traduz de maneira mais fidedigna do que uma pesquisa Likert o real estado emocional dos times e reflete suas características. Empresas ou times com notas abaixo de 70 são categorizadas dentro do nível elementar, isto é, são ambientes onde falar de saúde mental ainda pode ser um desafio, não havendo uma busca ativa para sinais precoces de adoecimento mental. Também podem haver alguns benefícios em saúde mental, mas o tema da saúde emocional ainda precisa ser desenvolvido de maneira mais intensa. Para empresas ou times com notas de bem-estar entre 70 e 80, temos o nível operacional, onde há uma abordagem mais protocolar em saúde mental, e os colaboradores sentem que há um desafio por parte das lideranças em abordar o tema. Benefícios nessa área são uma realidade, e há espaço e oportunidade para capacitar lideranças sobre seu papel na gestão emocional das equipes. Já para empresas ou times com notas entre 80 e 90, temos o chamado estágio estratégico, em que se tem uma empresa preocupada com a saúde mental de seus colaboradores. Os líderes mostram interesse e habilidade em abordar o tema com suas equipes. Os colaboradores sentem que há um ambiente de confiança em construção. Finalmente, para as poucas empresas e times com notas acima de 90 (apenas cerca de 3% de todas as avaliadas), temos o estágio Integral, ou seja, o cuidado e a atenção com a saúde mental fazem parte da cultura da empresa. As lideranças dominam ferramentas para abordar questões práticas sobre o tema.

Autenticidade: avaliamos se a linguagem utilizada nos comentários refletiu uma abordagem mais aberta, livre, ou o grau de automonitoramento ao escrever. Assim podemos ter um discurso que varia entre o espontâneo, o mais ponderado e o mais artificial. É fundamental levar em conta essa variável para ter melhor percepção da confiança dos colaboradores ao responderem às questões abertas de uma pesquisa de clima.

DNA emocional: também apresentamos as principais características de personalidade de cada time. Essa análise segue os preceitos científicos da teoria do Big5, que tem sua origem em um conjunto de pesquisas sobre personalidade, advindos de teorias fatoriais e de traços de personalidade. A teoria amplamente discutida na neurociência é a de que a análise da linguagem de uma população ajuda a entender a sua personalidade; assim, o modelo do Big5 apresenta de modo categórico e clusterizado as cinco principais dimensões de personalidade que uma pessoa pode manifestar, sendo elas: abertura à novidade, meticulosidade, amabilidade, neuroticismo e extroversão. Vale destacar que cada uma dessas dimensões centrais pode ser decomposta em diferentes traços que podem ser usados para resumir, prever e explicar a conduta de um indivíduo, equipe ou empresa, de modo a indicar que a explicação para o comportamento da pessoa será encontrada nela, e não na situação, sugerindo, assim, algum tipo de processo ou mecanismo interno que produza o comportamento. Embora considerados parte constante, devido ao fato de representarem uma tendência, de modo a se poder afirmar a presença de traços ou tendências da personalidade, os traços não são imutáveis. Os traços de personalidade seriam características psicológicas que representam tendências relativamente estáveis na forma de pensar, sentir e atuar com as pessoas, caracterizando, contudo, possibilidades de mudanças, como produto das interações das pessoas com seu meio social. Entender quais os principais traços de um time pode auxiliar a nortear ações e traçar estratégias mais assertivas para os resultados da equipe.

Pilares do engajamento: apresentamos também os seis pilares que levam um time ao engajamento e são protetores contra a estafa laboral. A neurociência hoje aponta os seguintes pilares fundamentais: percepção de justiça, autonomia, sensação de realização profissional, propósito, relacionamento interpessoal e reconhecimento. A ideia é entender sobre quais dimensões os esforços corporativos devem agir a fim de garantir melhor bem-estar e engajamento de seus colaboradores. Essa análise pode fornecer dados que guiem de modo mais assertivo as políticas e estratégias do RH, afinal de contas, as demandas de um time podem diferir sobremaneira das necessidades de outro. Historicamente, focava-se de maneira mais restrita apenas a questão do equilíbrio entre demanda e recompensa como fonte de engajamento, mas estudos mais recentes detalharam questões mais centrais para proteger os colaboradores. Endereçados adequadamente, esses pilares podem funcionar como protetores contra o adoecimento mental, e o primeiro passo para abordar o tema é reconhecer como eles estão equilibrados na equipe.

Foco: saber se o olhar dos colaboradores de um time está mais direcionado a si mesmo ou ao coletivo, ou se o foco está mais no futuro ou no passado, pode auxiliar a compreender melhor as pessoas. Por exemplo, percebemos que, à medida que se sobe no nível de gestão, maior tende a ser o foco no coletivo e no futuro. O inverso tende a ocorrer em momentos de muita mudança, como em casos de fusão de áreas ou modificação da liderança.

Perfil de inovação: é fundamental identificar o perfil de inovação de cada um dos times a fim de alinhar as expectativas e tomar ações direcionadas a construir um ambiente com pessoas que apresentem um perfil mais adequado para o que se espera daquele grupo no que tange à inovação. Aqui, apresentamos basicamente quatro tipos de inovadores possíveis. Primeiro, o perfil engenhoso: pessoas que se realizam quando podem utilizar seu pensamento analítico para resolver problemas; cheio de ideias, o engenhoso combina uma alta capacidade reflexiva com o desejo de soluções práticas.

Em segundo temos os implementadores, que são impulsionados, focados e dedicados ao processo criativo, movidos por resultados palpáveis e motivados pela realização; estão abertos a experimentar e adotar novos processos. Adicionalmente, temos os projetistas, que definem o problema e preferem entendê-lo por meio da análise abstrata em vez da experiência direta; buscam solucionar problemas de forma criativa e preferencialmente estruturam suas ideias em detalhes antes de colocá-las em execução. Por fim, temos os mantenedores; não se trata necessariamente de uma postura a ser modificada, mas traduz um estilo de comportamento voltado mais à manutenção dos processos do que à sua revisitação e ao seu desenvolvimento.

Círculo de liderança: exibe a linguagem dos usuários nos eixos com base nas pontuações de nossas medidas agênticas e comunais. Essas medidas capturam duas formas principais de se relacionar com ambientes sociais: perseguir objetivos pessoais (agência) e construir e manter relacionamentos com outras pessoas (comunalidade). As duas tendências podem operar em conjunto ou sozinhas, com todas as combinações possíveis juntas formando o círculo de liderança. Os falantes que usam linguagem altamente agêntica provavelmente estão exercendo força de vontade para perseguir objetivos pessoais, indicando que priorizam as coisas individualmente e por motivações ou desejos próprios. O uso da linguagem comum sugere que uma pessoa está cooperando e se conectando com outras para melhorar as relações sociais, indicando que provavelmente está fazendo coisas com outras pessoas para ajudar a atingir os objetivos do grupo. Esses dois traços formam as "Duas Grandes" dimensões da cognição social. O equilíbrio bem-sucedido dos comportamentos de liderança agêntica e comunitária envolve a capacidade de exibir qualidades estimulantes e de apoio, bem como assertividade e motivação para alcançar objetivos. A integração efetiva dos estilos de liderança comunal-agêntica está associada a uma liderança mais eficaz, pois permite que os líderes construam relacionamentos positivos, promovam a colaboração e gerem resultados simultaneamente. Nossa pesquisa mostrou que as empresas administradas por CEOs que efetivamente equilibram altas pontuações nessas duas dimensões geram retornos mais altos do que aquelas que aparecem em outras partes do círculo.

Tudo somado, as variáveis que utlizamos em nossas devolutivas para as empresas têm a finalidade de auxiliar no processo de identificação de características das diferentes equipes para otimizar as estratégias e a tomada de decisão. É fundamental que os dados possam ser empregados de maneira complementar a outros indicadores cada vez mais presentes em empresas direcionadas a dados. Uma compreensão adequada das reais características de um time são o pilar estruturante para o desenvolvimento de habilidades e a capacitação de lideranças.

Capacitação de lideranças

Os líderes estarão sempre no centro de qualquer estratégia que queira gerar impactos robustos sobre a cultura de uma empresa. São eles os fiéis escudeiros tanto das demandas e valores da empresa quanto das necessidades reais dos colaboradores. Pensando em saúde mental, são também eles os arautos desse processo. Vale destacar que a ideia por trás da capacitado de lideranças não é transformar gestores em psicólogos ou psiquiatras, pelo contrário, é situá-los no seu precioso papel de gestores emocionais do ambiente de trabalho, para evitar ou previnir o adoecimento e promover saúde.

Aqui temos um ponto chave: ambientes com baixa segurança emocional não necessariamente são construídos por pessoas tóxicas, e sim por indivíduos que não compreendem seu papel central na saúde emocional de seus times. Saúde mental não é questão de boa intenção ou de positividade; ela requer um ferramental específico para ser construída e transcende a boa disposição da liderança. Em um estudo recente, uma grande consultoria americana evidenciou que cerca de metade dos colaboradores das empresas não se sente à vontade para falar sobre saúde mental com seus gestores, mas que 77% deles gostariam de que seu gestor abordasse o tema de maneira mais efetiva na rotina. Em outras palavras, por medo de ser invasivo ou por falta de habilidade, os gestores acabam negligenciando em seu dia a dia uma oportunidade de ouro de endereçar as emoções e o bem-estar de seus times.

Mas, afinal, como o líder pode se empoderar de um papel mais estratégico na saúde de sua equipe? A resposta repousa sobre alguns passos de fácil implementação, mas ainda assim desafiadores. Afinal de contas, não podemos nos esquecer de que o tema de saúde mental é ainda sensível e coberto de tabu em cerca de 70% das empresas. Muitas vezes, os colaboradores têm medo de contar ao seu gestor quando estão precisando de suporte para cuidar da saúde emocional. Esse fator pode acabar intensificando ainda mais os problemas que os funcionários estão enfrentando. As empresas precisam passar uma mensagem objetiva para a equipe de que sua saúde mental é importante, e estar aberto a esse tema levará ao apoio, não à discriminação. Uma maneira simples de comunicar isso é explicar que a saúde mental será tratada da mesma forma que a saúde física. As empresas podem apoiar esse compromisso com uma estratégia evidente de saúde mental e com políticas específicas para garantir que os colaboradores com problemas de saúde mental recebam o apoio de que precisam imediatamente.

Assim, ao se desenvolver ações voltadas para a criação de uma cultura mais aberta e de apoio, com o tempo a equipe começará a se sentir mais confiante para conversar com os gestores sobre saúde mental. No entanto, é importante lembrar que a mudança de cultura não acontece da noite para o dia, e as relações individuais entre líderes e colaboradores são a chave para acertar isso. Se as pessoas puderem receber suporte de forma rápida, problemas mais sérios podem ser evitados. Por esse motivo, é vital que as organizações tenham canais claros e bem divulgados, a fim de que os colaboradores levantem preocupações e tomem medidas positivas imediatamente quando a equipe procurar ajuda. Os gestores precisam ser acessíveis e confiantes sobre a saúde mental e devem tomar medidas para normalizar as conversas sobre o tema e incentivar o diálogo aberto. Reuniões individuais regulares e atualizações são uma ótima oportunidade para perguntar à sua equipe como eles estão indo. Fazer isso regularmente ajudará a construir confiança e dar aos funcionários a chance de levantar problemas em um estágio inicial.

O passo a passo da gestão emocional

É vital que os gestores perguntem diariamente aos funcionários como eles estão e discutam sua saúde mental — isso ajuda a aumentar a confiança das pessoas para falar mais cedo e obter a ajuda de que precisam antes do problema se instalar. Às vezes, líderes podem se preocupar em como abordar uma conversa sobre a saúde mental do seu colaborador, mas não são necessárias habilidades especiais — apenas aquelas que você usa todos os dias como gestor de pessoas, como ter bom senso, empatia, ser acessível e ouvir. Se você não fizer nada, os problemas podem aumentar, com um impacto negativo para as pessoas e a empresa como um todo.

Se o líder acha que um membro de sua equipe pode estar enfrentando um problema de saúde mental, pode ser necessário assumir a liderança e levantar isso com ele, pois as pessoas geralmente não se sentem capazes de abordar o assunto sozinhas. Às vezes, quando os gestores não têm confiança em relação à saúde mental, eles podem tornar essa conversa excessivamente formal ou encaminhá-la imediatamente para o RH ou para a

Saúde Ocupacional. No entanto, como gestor, cada um conhecerá melhor seu funcionário, e é importante assumir a liderança e conversar com ele. A maneira como os gestores se comportam e o relacionamento que eles têm com a equipe são fatores-chave para moldar como os funcionários reagem quando estão passando por estresse e problemas de saúde mental. É vital que os gestores iniciem esse processo de maneira positiva e estejam abertos a escutar.

Não precisa ser estranho ou difícil — assim como alguém faria com a saúde física, um bom lugar para começar é simplesmente perguntar à pessoa como ela está. O primeiro passo é estabelecer uma comunicação aberta (que deve ser mantida se as pessoas tirarem folga por motivo de doença), levando à compreensão e ao apoio adequado.

Mas, de maneira prática, como reconhecer alguns sinais de alerta e como proceder com uma abordagem sobre saúde mental com algum colaborador?

Primeiro lembre que o gestor normalmente conhece as pessoas da sua equipe e pode perceber mudanças nelas. No entanto, é importante salientar que a experiência de cada pessoa com um problema de saúde mental é diferente e pode não haver nenhum sinal externo — é por isso que é tão importante criar um ambiente em que as pessoas se sintam à vontade para falar sobre o tema. Nunca se deve fazer suposições sobre a saúde mental, mas as pistas podem incluir:

- Mudanças no comportamento ou humor das pessoas ou em como elas interagem com os colegas;
- Mudanças em sua produção de trabalho, motivação e foco;
- Dificuldade para tomar decisões, organizar-se e encontrar soluções para problemas;
- Aparência de cansaço, ansiedade ou retração e perda do interesse em atividades e tarefas de que antes gostavam;
- Mudanças nos hábitos alimentares ou apetite, e aumento do tabagismo, etilismo ou outra compulsões.

Uma vez identificado algum sinal de alarme, podemos nos aproximar do colaborador para abordar o tema e verificar se ele gostaria de conversar. Nesse momento, é importante tomar os cuidados a seguir.

- Seja positivo: concentre-se no que os colaboradores podem fazer, e não no que não podem;
- Valorize os sentimentos de cada um: lembre-se de que as pessoas geralmente são especialistas quando se trata de identificar o apoio ou ajuste de que precisam e como gerenciar seus gatilhos para problemas de saúde mental;

- Trabalhe em conjunto e envolva as pessoas na busca de soluções tanto quanto possível;
- Não trate as pessoas de forma diferente: embora os ajustes voluntários e acordados sejam favoráveis, é importante que as pessoas não sejam tratadas de forma diferente ou solicitadas a fazer coisas que outras pessoas não são obrigadas a fazer, por exemplo, manter planilhas de horas detalhadas. Ser microgerenciado ou responsável por todo o seu tempo pode ser contraproducente e prejudicar a autoestima das pessoas, além de discriminatório.

Em alguns casos, as pessoas podem ser incapazes de identificar os ajustes apropriados, então você pode precisar experimentar alguns. A melhor abordagem aqui é decidir sobre a ação positiva, monitorar e revisar regularmente, para verificar se está funcionando e, se necessário, aprimorar ainda mais a abordagem.

Vale ainda destacar que as organizações devem apoiar os gestores a trabalhar em conjunto com a equipe a fim de desenvolver um plano de ação pessoal para gerenciar proativamente sua saúde mental. Isso permite que as pessoas planejem com antecedência e desenvolvam suporte personalizado para um momento em que não estão muito bem. Também facilita o diálogo aberto com os gerentes — levando a etapas práticas e acordadas que podem formar a base para monitoramento e revisão regulares. Todos os funcionários devem receber um plano de ação pessoal. Isso envia uma mensagem evidente de que o bem-estar dos funcionários é importante para a organização e incentiva a divulgação antecipada.

Dessa maneira, pensando nos fundamentos da gestão emocional das pessoas e no papel central das lideranças nesse processo, podemos de maneira sintética pensar no conceito EVA, uma regra bastante simples capaz de nos auxiliar na construção de um ambiente emocionalmente mais seguro.

ESCUTAR: lembre-se de escutar, e aqui é fundamental perceber que o tema saúde emocional ainda é cercado por tabus e estigmas em nosso mundo. Escutar de maneira verdadeira, sem distrações e mostrando preocupação genuína, pode ajudar na descontrução de barreiras e preconceitos.

VALIDAR: validar a queixa e não julgar é fundamental. Temos que nos policiar para não dar conselhos e escapar da tentação de falar sobre você mesmo. Lembre-se de que aquele que nos procura deve ter suas queixas acolhidas e validadas.

ACOMPANHAR: uma vez acolhidas as queixas, devemos ponderar sobre o que pode ser feito de imediato ou dentro de um plano de ação técnico e profissional. A maior parte das demandas que trazem ruídos emocionais pode ser atendida dentro da rotina de trabalho com algumas medidas, como mudanças de prazos e revisitação de processos. Já para questões pessoais e de cunho mais íntimo do colaborador, devemos oferecer e reempacotar os canais de acompanhamento da empresa, como RH, time de saúde e plataforma de benefícios. Lembre-se: nosso foco deve estar em direcionar a resposta mais do que em sentir-se responsável pela resolução completa do problema, que, muitas vezes, foge de nossa competência.

O principal papel do gestor no que tange à saúde emocional de seu time é este: desenvolver um ambiente de confiança em que as pessoas possam levantar a mão e pedir ajuda sem medo de julgamentos ou discriminação. Se conseguirmos alcançar esse objetivo nobre, com certeza poderemos construir ambientes emocionalmente mais seguros, em que a saúde mental faz parte da cultura e as pessoas estão no centro da estratégia de verdade.

CÉUS AZUIS

A EXPERIÊNCIA DA AZUL LINHAS AÉREAS NO DESENVOLVIMENTO DE UM PROGRAMA DE SAÚDE EMOCIONAL

Camila Cristina Almeida, Helton Rubem Campos,
José Eliézio Aguiar, Tamires Souza Santos e Verônica de Melo

"Start me up, open my eyes."
The Rolling Stones

Aeronaves modernas, poltronas espaçosas, televisão ao vivo, internet a bordo, snacks à vontade e um serviço impecável são diferenciais que oferecemos aos clientes para tornar a experiência de voar o mais agradável possível. Porém, indo muito além disso, o maior cuidado que o cliente deseja receber é a segurança: saber que a aeronave está em perfeitas condições de manutenção, que pilotos e comissários estão totalmente capacitados e treinados, que o despachante operacional de voo escolheu a melhor rota e outras atividades de risco operacional que dependem de pessoas.

Em nosso DNA, consideramos que, antes de sermos uma empresa de aviação, a Azul Linha Aéreas é uma empresa de pessoas; nosso time, que internamente chamamos de tripulantes, é nosso maior ativo. Assim, cuidando bem deles, automaticamente estamos cuidando de nossos clientes e da segurança da operação.

O impacto da pandemia de Covid-19

A pandemia de Covid-19 trouxe inúmeros desafios para o transporte aéreo. Em 2020, as operações caíram drasticamente, mas seguimos com nosso papel de serviço essencial: além do transporte de passageiros e cargas, realizamos uma série de missões que impactaram positivamente o enfrentamento da pandemia, como transporte de vacinas e insumos e repatriação de brasileiros que estavam no exterior.

Para esse enfrentamento, o cuidado com nossos tripulantes precisou ser redobrado: criamos um plano de ação para atendimento clínico dos que tinham quadros respiratórios, e, observando a demanda em saúde emocional aumentar, foi estruturado um Núcleo de Saúde Emocional. Contando com psiquiatras e psicólogos e apoiado pelo Serviço Social e pela Saúde Ocupacional, seu objetivo era acolher os tripulantes, estruturar benefícios e falar sobre o tema na companhia, em ações de psicoeducação, prevenção e tratamento.

Em princípio, organizamos uma série de lives, palestras, vídeos e textos tratando temas relacionados ao que se vivia naquele momento — orientações sobre isolamento social, ferramentas para lidar com estresse, técnicas de meditação e desafios do trabalho em home office.

Na época, tínhamos parceria com uma empresa de telepsicologia e atendimento psiquiátrico por meio do Seguro Saúde; já possuíamos também um programa robusto de prevenção ao uso indevido de substâncias psicoativas para os funcionários que exercem Atividades de Risco à Segurança Operacional.

Com o enfrentamento da pandemia e a tão esperada retomada, começamos também a visitar as principais bases com palestras presenciais, tratando dos temas relacionados a esse novo momento. Além de trabalhar a prevenção, aumentamos o enfoque na sensibilização, para que as pessoas buscassem ajuda quando não se sentissem bem.

A criação do Programa de Saúde Integral

Saúde mental sempre foi um tema muito estigmatizado em nossa sociedade, e tratar dele no ambiente de trabalho é um desafio. Negar as questões de saúde emocional em vez de lidar com elas pode piorar os processos de adoecimento e de busca de ajuda. É uma jornada de combater preconceitos, destruir barreiras, fornecer caminhos e propiciar um ambiente psicologicamente seguro para que as pessoas se sintam à vontade com o assunto. Na prática, o que víamos era que quanto mais falávamos de saúde mental mais as pessoas queriam e se sentiam à vontade de tratar do tema.

Nosso viés de abordagem das questões de saúde mental sempre foi voltado para a Psiquiatria e Psicologia Positiva e Medicina do Estilo de Vida. Entendemos que as dimensões de saúde estão interligadas — o corpo responde a questões da mente e vice-versa. Atividade física, alimentação, sono, relacionamentos e até questões financeiras impactam de forma significativa no nosso bem-estar.

Assim, observando a necessidade de aprimorar os cuidados com a saúde mental, dentro de um contexto de saúde em todas as dimensões, nossa diretoria de pessoas idealizou um robusto programa de saúde para atender as necessidades dos tripulantes nos pilares físico, emocional e social, implementando o Programa de Saúde Integral da Azul Linhas Aéreas. A seguir, será apresentado o pilar emocional do programa.

O pilar emocional

Para trabalhar a saúde emocional com qualidade, precisamos contar com informações técnicas, dados e estratégias com comprovação científica e profissionais qualificados. Trata-se de um tema sensível, e a frase "*Primum non nocere*" ("primeiro, não prejudicar", em latim) cabe muito nesse caso; abordagens não técnicas podem trazer mais prejuízos do que benefícios.

Com isso, para trazermos informações de qualidade, com enfoque técnico e humanizado, fizemos um plano de masterclasses em parceria com a Jungle®, trazendo grandes temas em saúde mental, como depressão, ansiedade, burnout e álcool e drogas, entre outros. Os públicos e temas foram trabalhados junto com os *business partners* de cada área, dentro de suas particularidades e demandas.

Um enfoque especial foi dado ao treinamento dos líderes — tanto para lidar com as questões de suas equipes quanto para as próprias questões. Assim, abrimos um canal de orientação emocional para a liderança.

Durante as próprias masterclasses, sempre enfatizamos a psicoterapia como uma ferramenta a ser usada não só em momentos de crise como também para autoconhecimento e desenvolvimento pessoal. Nesse contexto, estabelecemos uma parceria com uma outra plataforma de telepsicologia.

Pensando em abrir caminho para que as pessoas buscassem ajuda quando não se sentissem bem, com o mínimo de barreiras possível, estabelecemos também parceria com uma plataforma de teleconsultas, que dispõe de atendimento clínico e de especialistas, entre eles psiquiatra. Considerando que a população de aeronautas tem uma especificidade em relação à Certificação Médica Aeronáutica e regulamentações específicas sobre requisitos de saúde e medicamentos, fizemos treinamentos para os psiquiatras da plataforma que atendem os aeronautas a respeito dessas particularidades.

Além disso, para casos agudos e emergenciais, temos um canal de apoio psicossocial 24 horas por dia, que chamamos de Anjo Azul. Por meio de ligação por voz ou WhatsApp, o tripulante é acolhido por um profissional de saúde, que faz as orientações e os direcionamentos necessários.

No quesito álcool e drogas, mantemos o nosso Programa de Prevenção do Risco Associado ao Uso Indevido de Substâncias Psicoativas na Aviação Civil, o Previna, desde 2012. Seguindo os preceitos do Regulamento Brasileiro da Aviação Civil 120, o Previna é composto de três subprogramas: Educação (treinamentos e informações sobre álcool e outras drogas), Testagem Toxicológica (realizada em ocasiões específicas, utilizando-se urina, queratina e ar expirado) e Resposta a Evento Impeditivo (condução para os casos de resultado positivo ou recusa). No programa de saúde integral, o Previna ganhou um adicional: o Pay Protection Previna. Por meio dele, aeronautas que procuram voluntariamente o Previna e se afastam das atividades recebem também as horas que não serão voadas, garantindo o salário integral por seis meses.

Mesmo com todas as ações direcionadas ao tripulante, sabemos que, quando um membro da família não está bem, isso também pode impactar as outras pessoas daquele círculo. Justamente por isso buscamos estender os benefícios aos familiares.

Vale lembrar que todas as ações só terão efetividade se forem divulgadas de forma ampla internamente. Para isso, criamos um robusto plano de comunicação por diversos canais, como vídeos, e-mails, WhatsApp e todas as formas possíveis de chegar ao nosso público.

A seguir, apresentaremos com mais detalhes programas e ações que possuem relação com o pilar emocional.

Lives educativas	Em parceria com a Jungle®, trouxemos alguns temas para toda a população da Azul, de acordo com a análise de indicadores de interesses dos funcionários sobre o tema. Dentre os temas trabalhados, destacamos: estresse e burnout, ansiedade, depressão, personalidade e substâncias psicoativas.
Capacitação de liderança	Com o apoio da Jungle®, realizamos masterclasses sobre saúde emocional focadas nas lideranças, com o objetivo de formar, cascatear e reforçar a cultura de cuidado. Como aliado nessa ação, o time de *business partners* da Azul teve um papel importante em traduzir as dores e direcionar cada área, de modo que as ações fossem personalizadas.
Telepsicologia	Plataforma on-line de terapia com especialista, como psicólogo, psicanalista, terapeuta ou coach, para acompanhar o tripulante na jornada de autoconhecimento e autodesenvolvimento. A plataforma também oferece conteúdos como artigos, testes, podcasts e diário emocional; pode ser acessada pelo site ou app.
Telepsiquiatria	Plataforma on-line de atendimento médico, desde clínico geral a especialistas, como psiquiatra. Disponível por telefone ou app, sem custo para colaboradores e dependentes.

Orientação emocional para líderes	Havendo necessidade de suporte para lidar com questões emocionais de membros dos seus times, gestores podem contar com esse canal disponibilizado pela consultoria Jungle®. O líder envia um e-mail de solicitação e, dentro de 24 horas, tem um retorno com o agendamento para um encontro on-line com especialista, ocasião em que serão elaboradas, em conjunto, estratégias para a condução do caso.
Anjo Azul (Employee Assistance Program)	Programa de suporte psicossocial e acolhimento psicológico para situações emergenciais, como óbitos, crises emocionais e traumas inesperados, além de orientação jurídica e financeira. Disponível por ligação gratuita e WhatsApp, sete dias por semana, 24 horas por dia, sem custo para colaboradores e dependentes.
Previna	É o Programa de Prevenção do Risco Associado ao Uso Indevido de Substâncias Psicoativas na Aviação Civil da Azul Linhas Aéreas. Obrigatório para os funcionários que exercem atividades de risco à segurança operacional, mas aberto a todos os tripulantes da empresa. Aborda a questão das substâncias psicoativas de forma ética, sigilosa e técnica, contribuindo também com a segurança operacional.

Pay Protection Previna	Programa que objetiva estimular que o funcionário com um transtorno relacionado ao uso de substâncias psicoativas busque voluntariamente o programa Previna em vez de ser identificado em testagens toxicológicas. Os voluntários que forem afastados do trabalho para realizar um tratamento recebem complementação salarial por seis meses em relação ao valor pago pelo INSS, para minimizar um eventual impacto financeiro.

Desafios

Falar de um tema sensível como saúde mental e emocional no ambiente corporativo por si só já é desafiador. No nosso caso, temos algumas particularidades que aumentam esse desafio: um número elevado de colaboradores, em diversas regiões do país, diversas culturas, diversos turnos de trabalho e diversas funções, sendo que muitas delas exigem que o tripulante fique dias fora de casa ou não tenha uma rotina fixa.

Assim, as masterclasses em videoconferência e as teleconsultas, tanto médicas quanto em psicoterapia, auxiliaram bastante na adesão ao programa. Ao mesmo tempo, também valorizamos o presencial: treinar a liderança que fica em contato direto com os colaboradores e fazer ações nas bases também é muito importante.

Resultados

As ações do Pilar de Saúde Emocional, nos moldes em que funcionam hoje, tiveram início no fim de 2022 e ainda estão em execução. Alguns indicadores serão analisados no futuro, mas o que já podemos afirmar é que o trabalho que vem sendo realizado está contribuindo para o aumento das adesões à telepsicologia a cada mês. A liderança tem se mostrado cada vez mais engajada e habilitada para tratar o tema; e o tabu, aos poucos, vai diminuindo de proporções.

O zelo em trazer os dependentes para a cultura de cuidado também vem sendo reconhecido como um aspecto essencial do programa, uma vez que a vida pessoal e a profissional são interligadas. Ter um plano de comunicação estruturado, com logotipo, identidade visual e periodicidade, também vem reforçando toda a estratégia do programa. Estamos tendo a oportunidade de rastrear aspectos importantes no contato próximo às áreas, que com certeza irão determinar uma segunda etapa da iniciativa em breve e trazer o tema cada vez mais como uma estratégia corporativa.

Trabalhar a saúde emocional no ambiente de trabalho sempre foi algo muito importante, mas, após a pandemia de Covid-19, tornou-se fundamental para o bem-estar dos colaboradores. No caso de uma empresa aérea, o cuidado com as pessoas é também um fator de segurança operacional. Ter uma liderança engajada na causa e um ambiente psicologicamente seguro são as bases primordiais para que as ações se desenvolvam; além disso, é necessário estabelecer parcerias que sejam tecnicamente muito boas e baseadas em estratégias cientificamente comprovadas.

A partir do momento que as pessoas se mobilizam a procurar ajuda, elas precisam saber os caminhos, e os recursos precisam estar disponíveis. Estender os benefícios a familiares tem se mostrado uma boa estratégia de cuidado com os tripulantes da Azul Linhas Aéreas. Mas só será possível mobilizar e chegar a todos os tripulantes por meio de um efetivo plano de comunicação.

O QUE APRENDEMOS NA PRÁTICA

O PAPEL FUNDAMENTAL DA SAÚDE OCUPACIONAL NA IMPLEMENTAÇÃO DE UM PROGRAMA DE SAÚDE MENTAL

Liayna Maia, Karina Coeli e Marcelo Martins

"Take it to the limit one more time."
The Eagles

Compartilharemos neste capítulo as lições adquiridas ao longo da elaboração, implementação e gestão de um projeto de saúde mental em uma empresa multinacional.

Com uma abordagem multidisciplinar e com o bem-estar psicológico do trabalhador no centro das ações, após seis anos de gestão ainda enfrentamos desafios. Mas o que nos motiva a continuar é testemunharmos as transformações na vida daqueles que foram beneficiados pelo projeto, os casos de tratamento bem-sucedidos e o conhecimento disseminado para a gestão emocional assertiva.

Saúde integral só existe se a saúde mental for considerada.

As mudanças de demanda da saúde ocupacional

Para que seja possível falar dos aprendizados da implementação de ações de saúde mental em uma empresa, é necessário antes resgatar de forma breve o histórico da saúde ocupacional e seus propósitos.

A medicina do trabalho é uma especialidade médica que visa proteger a saúde e promover o bem-estar dos trabalhadores em seu ambiente ocupacional. Ela se baseia na identificação, na prevenção e no controle riscos relacionados ao trabalho, além de tratar as doe ças e lesões ocupacionais.

No contexto mundial, o início da medicina do trabalho remonta à Revolução Industrial, que ocorreu no século XVIII na Europa. Com o crescimento da industrialização, passaram a existir condições de trabalho precárias, jornadas exaustivas e exposição a substâncias tóxicas. Como resposta a essas condições, surgiram os primeiros médicos do trabalho, que buscavam melhorar a saúde dos trabalhadores e promover condições de trabalho mais seguras.

Na década de 1950, a OMS começou a promover a medicina do trabalho como uma especialidade médica importante. A instituição enfatizou a necessidade de prevenir e controlar os acidentes e doenças relacionados ao trabalho, além de promover a saúde ocupacional como um componente essencial do bem-estar geral dos trabalhadores.

No Brasil, a história da medicina do trabalho também está associada ao processo de industrialização do país. Em 1944, foi criada a Consolidação das Leis do Trabalho (CLT), que incluiu a obrigatoriedade de exames médicos admissionais e demissionais.

Ao longo do tempo, a medicina do trabalho evoluiu e se tornou mais abrangente. Além das questões relacionadas à saúde física dos funcionários, a especialidade passou a considerar também os aspectos psicossociais e organizacionais do trabalho. A promoção da qualidade de vida no ambiente ocupacional e a prevenção de problemas de saúde mental se tornaram relevantes pontos a serem trabalhados e disseminados.

Os desafios durante a pandemia

Durante a pandemia de Covid-19, a saúde ocupacional enfrentou inúmeros desafios em todo o mundo. A necessidade de adotar medidas de saúde e segurança no trabalho para prevenir a propagação do vírus trouxe novos aspectos a serem considerados na proteção dos trabalhadores. Além disso, a saúde mental deles foi profundamente afetada devido ao aumento do estresse, da ansiedade e do isolamento social, do medo, do luto enfrentado pela perda de algum ente querido.

Alguns pontos importantes para ressaltar:

1. Implementação de medidas de saúde e segurança:
   - Foi necessário adotar protocolos rigorosos de higiene, distanciamento físico, uso de equipamentos de proteção individual (EPIs) e ajustes nas condições de trabalho para garantir a segurança, seguindo políticas e diretrizes globais.
2. Teletrabalho (home office):
   - O trabalho remoto, já adotado pela empresa duas vezes na semana, passou a ser integral e considerado para os profissionais que podiam realizar sua função a distância, além daqueles que já tivessem um quadro de saúde vulnerável, como medida preventiva. No entanto, isso gerou desafios relacionados a ergonomia,

equilíbrio entre vida pessoal e profissional, isolamento social e dificuldades de comunicação.
    - As questões de trabalho se confundem com as questões pessoais a partir do momento que passamos a trabalhar de casa. Até onde era possível enxergar as toxicidades comportamentais que podiam afetar intensamente o processo?
    - A sobrecarga entre trabalho, casa e família possibilitou sentimentos intensos e piora das percepções de saúde mental, mostrando o quanto cada fator influencia o outro (relações de trabalho, casa e família).
3. Proteção de trabalhadores essenciais:
    - Os profissionais de saúde, prestadores de serviços essenciais e outros grupos foram expostos a um risco maior de infecção. Garantir sua segurança por meio de EPIs adequados e condições de trabalho seguras foi um desafio constante.
    - A equipe multidisciplinar acompanhou todos os casos de Covid-19, desde os positivos até os suspeitos, delicados e graves, incluindo óbitos de funcionários e familiares.
4. Saúde mental dos trabalhadores durante a pandemia de Covid-19:

- *Estresse e ansiedade:* o medo da infecção, as incertezas econômicas, as mudanças no trabalho e a preocupação com a própria saúde e a de familiares levaram a um aumento significativo nos níveis de estresse e ansiedade.
- *Isolamento social:* o distanciamento físico levou ao isolamento social, afetando negativamente o bem-estar emocional e aumentando o risco de depressão.
- *Sobrecarga de trabalho:* em alguns casos, houve um aumento na demanda de trabalho, o que resultou em exaustão física e mental.

Como a medicina do trabalho visa não somente a prevenção das doenças e dos acidentes do trabalho como também a promoção da saúde e da qualidade de vida do trabalhador, foi essencial ter esse olhar de cuidado, por meio de ações capazes de assegurar a saúde integral individual, nas dimensões física e mental. É necessário considerar as diferentes gerações, questões culturais e de diversidade, especialmente as demandas observadas e vividas nos últimos anos, com os desafios de uma pandemia e mudanças globais.

A percepção de saúde mental e física se tornou algo fortalecedor para várias pessoas no período pós-pandemia. A perda de amigos e familiares de forma abrupta despertou em muitos um reinício evolutivo no qual comportamentos tóxicos são inaceitáveis, e valores antes esquecidos pela rotina diária começaram a ser o princípio desse recomeço, gerando conflitos com o mundo corporativo e fazendo com que suas metodologias precisem ser ressignificadas.

Para a saúde ocupacional, o que sempre permanecerá como fator mais relevante é o ser humano. É necessário importar-se verdadeiramente com a saúde das pessoas que dedicam parte de sua vida a serem produtivas na sociedade.

Saúde integral no trabalho

Como qualquer outro espaço social, o ambiente ocupacional pode contribuir para situações que afetam negativamente a saúde mental, incluindo discriminação e desigualdade. Discutir ou divulgar a saúde mental continua sendo um tabu nos ambientes de trabalho em todo o mundo.

Como já vimos, segundo a OMS, estima-se que:

- 15% dos adultos em idade produtiva tiveram um transtorno mental em 2019;
- 12 bilhões de dias de trabalho são perdidos todos os anos devido à depressão e à ansiedade,

a um custo de US$ 1 trilhão por ano em perda de produtividade.

Então, ao considerarmos as diretrizes da OMS que recomendam melhores maneiras de atender as necessidades dos trabalhadores que precisam de algum acompanhamento em saúde mental, consideramos também ser um cuidado com a sustentabilidade da organização que os emprega. As empresas precisam de pessoas para atingir seus objetivos de produtividade. Elas podem e devem ser lugares de realização profissional, e não de adoecimento.

Para a implantação do projeto de saúde mental piloto, realizada em 2017, foi considerado o surgimento de uma demanda diferente das queixas osteomusculares já conhecidas. Os casos de afastamentos do trabalho por motivos psiquiátricos foi um ponto observado importante. O escopo do atendimento, tradicionalmente já realizado para prevenção e tratamento em dependência química, foi ampliado para saúde mental e atendimento *in company*. Seguindo um modelo já consolidado de parceria para atendimento de doenças osteomusculares, foi realizado contrato com parceiro especializado para atendimento psicológico e psiquiátrico gratuitos.

A primeira fase ocorreu com o treinamento e a capacitação das áreas de apoio, como segurança do trabalho, RH e profissionais da saúde. Essas parcerias internas se mostraram fundamentais para que o projeto fosse conhecido e disseminado por todos que pudessem encaminhar casos para atendimento, acolhimento e tratamento.

A segunda fase foi contemplar o treinamento dos líderes, que incluía:

- Conceituação de doenças e principais sintomas;
- Ferramentas para identificar mudanças de comportamento em situações iniciais;
- Escuta ativa, sem julgamento com foco em solução;
- Reforço da responsabilidade do líder para encaminhamento interno;
- Importância de recusar rótulos e estigmas;
- Construção de um ambiente psicologicamente seguro e reforçar o sentimento de pertencimento;
- Olhar humanizado e individualizado;
- Comunicação assertiva;
- Apoio para gestão pessoal de saúde.

A terceira fase ocorreu simultaneamente, já com encaminhamentos dos líderes e dos médicos. Optou-se por criar um fluxo de atendimento primeiro com médico do trabalho, a fim de entender a real demanda do trabalhador e, se ou quando necessário, realizar a investigação de possível nexo da queixa com o trabalho.

A OMS ainda propõe intervenções que apoiam o retorno ao trabalho, o que, em nossa experiência, ainda é um desafio e parte sensível do processo, bem como gerenciar os riscos psicossociais no local de trabalho.

Após a análise do médico do trabalho, é necessário verificar a necessidade das intervenções organizacionais que avaliam, mitigam, modificam ou removem os riscos do ambiente para a saúde mental.

O levantamento dos riscos psicossociais são fundamentais para que seja possível a análise e constatação do nexo.

São avaliados os seguintes fatores psicossociais:

- Exigências do trabalho, ambiente, processo e organização do trabalho que podem influenciar na saúde do trabalhador;
- Sobrecarga: excesso de tarefas, pressão de tempo e repetitividade;
- Subcarga: monotonia, baixa demanda, falta de criatividade;
- Falta de controle sobre o trabalho (inexistente ou pequeno poder de decisão sobre o que e como fazer);

- Distanciamento entre grupos de líderes e de subordinados;
- Isolamento social no ambiente de trabalho;
- Conflitos de papéis;
- Conflitos interpessoais e falta de apoio social: relação líder/liderado conflituosa;
- Trabalho em turnos;
- Demandas conflitantes; falta de clareza sobre o ue está desempenhando;
- Insegurança no emprego;
- Trabalho perigoso;
- Assédio moral: humilhações, constrangimentos repetitivos e prolongados;
- Risco químico: exposição ocupacional;
- Burnout — tríade: exaustão, ceticismo (alienação), ineficácia.

Faz parte do escopo do projeto a realização de palestras e webinars para, com informações de qualidade, melhorar o conhecimento das equipes e dos líderes sobre saúde mental e reduzir o estigma, além de ser uma possibilidade de reforçar o conceito de saúde integral, sempre utilizado em campanhas de saúde diversas.

Conseguimos inicialmente fazer a psicoeducação com conceituação sobre as principais doenças, os sintomas e as formas de tratamento, para no último ano falarmos mais de autocuidado, fatores preventivos e protetivos e habilidade de gerenciamento de estresse.

A cultura da saúde para todos

Em continuidade aos cuidados com a saúde mental, em 2020 foi realizada a implementação de um serviço que realiza atendimento psicológico 24h/7 dias na semana de forma confidencial e gratuita para todos os trabalhadores, sendo extensivo aos conviventes (incluímos o conceito de diversidade).

Trata-se de cumprimento de política global que tem como principal objetivo ter um canal de assistência aos trabalhadores e seus familiares. Conseguir atingir e atender os funcionários demanda empenho; no entanto, atingir as pessoas que convivem com eles também se mostra muito desafiador até o momento.

A cultura da saúde para todos é uma abordagem inclusiva que reconhece e valoriza a diversidade, bem como o acesso igualitário aos recursos de assistência e apoio emocional.

Utilizar os princípios do PGR (Programa de Gerenciamento de Riscos) e ESG (Environmental, Social and Governance) como referência também favorece que o tema saúde mental seja parte da estratégia do negócio, não apenas um item de responsabilidade da saúde ocupacional.

No Programa de Gerenciamento de Riscos (PGR), é possível realizar:

- Identificação dos riscos psicossociais no ambiente ocupacional, bem como fatores externos que possam afetar a saúde mental dos trabalhadores;
- Análise de riscos, avaliação da gravidade e a probabilidade de ocorrência de cada risco identificado, que representam maior impacto para a saúde mental dos trabalhadores;
- Medidas preventivas devem ser desenvolvidas e implementadas para mitigar os riscos identificados;
- Monitoramento e revisão, com indicadores de desempenho e mecanismos de monitoramento contínuo para avaliar a eficácia das medidas adotadas.

É fundamental realizar revisões periódicas para identificar novos riscos e ajustar o programa de acordo com as necessidades.

O que aprendemos com a prática

É para evitar o sofrimento de muitos que o médico do trabalho é essencial. Em consulta, quando há o olhar angustiado, calado, solitário, muitas vezes com medo de represálias, há no silêncio o pedido de socorro.

A experiência profissional possibilita enxergar o que há por trás das vozes tão caladas. O elo de confiança se constrói em pequenos gestos comportamentais. Romper as barreiras, oferecendo oportunidades de mudança cultural na proteção do trabalhador, é algo que devemos realizar dentro do princípio ético profissional (o que é fundamental e necessário no ambiente corporativo).

A prática só tem sentido se baseada em referenciais teóricos confiáveis, para embasamento conceitual e metodológico. As conformidades, bem como os cumprimentos legais e regulamentares, garantem os direitos de todas as partes envolvidas e precisam ser considerados para que as ações sejam efetivas e tragam resultados.

A escolha certa dos parceiros internos e externos é fundamental para o sucesso de um projeto com muitos resultados intangíveis e que pode ser visto com desconfiança no ambiente organizacional.

Ter um executivo que acredite no trabalho faz muita diferença, pois disseminar o tema saúde mental é uma jornada desafiadora, e ter importantes e influentes aliados pode contribuir para que se instale a cultura de saúde o mais rápido possível, especialmente no que se refere ao trabalho não ser motivo de adoecimento para o trabalhador. A alta liderança deve estar comprometida com a promoção da saúde mental e do bem-estar no local de trabalho. O envolvimento dos líderes é fundamental para criar uma cultura de apoio e reduzir o estigma associado às questões de saúde mental.

Esse é um tema de interesse de todos. Consideramos que profissionais da área sejam os responsáveis por elaborar, implantar e conduzir a gestão de todas as ações, pois há cuidados éticos essenciais a serem considerados, como o sigilo profissional e a experiência para a condução de casos complexos. Os demais profissionais são importantes para disseminar e encaminhar os casos, para serem multiplicadores dessa mensagem de saúde, mas a equipe multidisciplinar é quem deve conduzir de forma sigilosa os casos em investigação.

Conhecimento legal e regulatório é fundamental para o coordenador do Programa de Controle Médico de Saúde Ocupacional (PCMSO), a fim de que possa ter argumentos para realizar prevenção, proteção e promoção da saúde.

É importante ter um processo estipulado e validado para a alocação e padronização de acolhimento ao trabalhador que retorna de afastamento do trabalho — independentemente da patologia —, para que a volta às atividades laborais ocorra de forma compatível e gradual, sempre em acompanhamento da saúde ocupacional.

Estabelecer um comitê responsável pelo gerenciamento de crises e intervenção de casos críticos se mostrou um acerto em emergências.

As ações de psicoeducação são ainda essenciais para desmistificar estigmas e fornecer informações sobre doenças mentais comuns e os caminhos possíveis para pedir ajuda.

Oferecer treinamentos e workshops para funcionários e gestores sobre habilidades de autocuidado, gerenciamento do estresse, resiliência e apoio mútuo favorece a consolidação da cultura da saúde.

A comunicação assertiva, aberta e transparente entre trabalhadores e líderes, é fundamental para que se criem canais de feedback e resolução de conflitos.

Avaliar caso a caso os riscos psicossociais no ambiente de trabalho, identificando fatores estressores e oferecendo apoio individual e acesso a serviços de saúde mental confidencial, possibilita o melhor acolhimento e tratamento para o profissional. Disponibilizar serviços de suporte emocional confidenciais, por meio de profissionais de saúde mental ou parcerias com clínicas especializadas, ajuda a garantir acesso a tratamentos adequados para funcionários que necessitam de cuidados psicoterapêuticos. Incentivar práticas de autocuidado, como atividade física e promoção de um estilo de vida saudável, também é importante.

A coordenação de um projeto de saúde mental nas empresas por parte do médico do trabalho pode ter impactos significativos na promoção do bem-estar emocional e psicológico dos trabalhadores. E, para a empresa, pode ser fator protetivo da produtividade e reputação da marca.

Fica evidente que a promoção da saúde mental no ambiente de trabalho é essencial para o bem-estar dos trabalhadores e para o sucesso das organizações. A partir de políticas objetivas, avaliação de riscos, treinamento, prevenção e tratamento, é possível criar um ambiente ocupacional saudável, sendo a saúde mais um ponto da estratégia organizacional.

Todas as políticas corporativas de saúde e conduta de acordo com a legislação são fundamentais e só fazem sentido quando o profissional de saúde consegue ouvir a voz calada, o medo da retaliação, a insegurança do desemprego, que muitas vezes podem se confundir com as questões organizacionais não evidentes e concisas.

Os valores e princípios das organizações precisam ser realmente defendidos em falas e principalmente comportamentos entre líderes e liderados, para que haja práticas defensáveis aos olhos da lei e da saúde.

Por meio dessas reflexões, esperamos inspirar e contribuir com novas práticas e ações que tenham como objetivo a saúde mental do trabalhador, para que haja a consciência da autorresponsabilidade individual e do papel e relevância da medicina do trabalho nas empresas.

LIDANDO COM DADOS NA ERA DA INFORMAÇÃO

CONSIDERAÇÕES ÉTICAS

Marcelo Antonioli

"Who are you? Who, who, who, who?"
The Who

A era da informação é caracterizada por acesso, produção e disseminação de grandes quantidades de informações, impulsionadas principalmente pela revolução digital e tecnológica. Ela representa uma época em que a informação se tornou um recurso valioso e fundamental para diversos setores, incluindo a neurociência.

Aqui estão alguns dos principais desenvolvimentos da Era da Informação e como eles ajudaram o desenvolvimento da neurociência:

1. Tecnologia da informação: o avanço da tecnologia da informação permitiu o armazenamento, o

processamento e a análise de grandes quantidades de dados. Isso foi fundamental para a neurociência, pois as pesquisas nessa área frequentemente envolvem a coleta de grandes volumes de dados, como imagens cerebrais, registros neuronais e dados clínicos. A capacidade de armazenar e processar essas informações de forma eficiente acelerou o progresso na compreensão do cérebro humano.

2. Neuroimagem: a tecnologia da informação desempenhou um papel crucial no desenvolvimento da neuroimagem. A ressonância magnética funcional (fMRI), a tomografia por emissão de pósitrons (PET) e outras técnicas de neuroimagem produzem grandes quantidades de dados complexos. O uso de algoritmos e técnicas de processamento de imagem baseados em computação permitiu a análise e a visualização desses dados, fornecendo *insights* valiosos sobre a estrutura e a função do cérebro.
3. Big Data: a era da informação trouxe consigo o conceito de Big Data, que se refere à análise de grandes conjuntos de dados para identificar padrões, tendências e relações complexas. Na neurociência, o uso de Big Data tem sido fundamental para revelar correlações entre características cerebrais e diferentes condições neurológicas e mentais. A análise de grandes bancos de dados de imagens cerebrais

e dados clínicos tem permitido uma compreensão mais abrangente dos distúrbios cerebrais e a identificação de marcadores neurobiológicos associados a essas condições.

4. Computação de alto desempenho: a era da informação também viu o desenvolvimento da computação de alto desempenho, com o uso de supercomputadores e clusters de processamento paralelo. Essa capacidade computacional avançada permite a simulação de redes neurais complexas, a modelagem computacional do cérebro e a execução de algoritmos de aprendizado de máquina em larga escala. Isso tem sido fundamental para a neurociência computacional e o avanço da compreensão das propriedades e do funcionamento do cérebro.
5. Compartilhamento de dados e colaboração: a era da informação também facilitou o compartilhamento de dados e a colaboração entre pesquisadores em todo o mundo. Por meio de bancos de dados compartilhados e plataformas de colaboração on-line, os cientistas têm a oportunidade de acessar dados de estudos anteriores, compartilhar seus próprios dados e colaborar em projetos conjuntos. Isso tem impulsionado o progresso da neurociência,

permitindo uma troca mais rápida de conhecimentos e uma abordagem mais colaborativa para a pesquisa.

Neste momento, estamos vivendo um novo capítulo na Era da Informação: o grande avanço da inteligência artificial (IA), a qual tem sido aplicada em várias áreas da neurociência para auxiliar no diagnóstico e tratamento de pacientes.

Algumas áreas específicas em que as ferramentas de IA estão sendo utilizadas são:

1. Neuroimagem: sendo a neuroimagem uma área da neurociência que estuda a estrutura e a função do cérebro, a IA vem sendo aplicada no processamento e análise de imagens cerebrais, como ressonância magnética (RM) e PET, para auxiliar no diagnóstico de doenças neurológicas, como tumores cerebrais, doença de Alzheimer e acidente vascular cerebral. A IA pode ajudar na identificação de padrões, segmentação de regiões cerebrais e análise de dados complexos.
2. Neuropsicologia: é a área da neurociência que investiga as relações entre o cérebro e o comportamento; sendo assim, a IA pode ser utilizada em testes neuropsicológicos automatizados, permitindo uma avaliação mais precisa e eficiente de funções

cognitivas, como memória, atenção e linguagem. Além disso, ela pode ajudar na identificação de perfis cognitivos e no planejamento de intervenções terapêuticas personalizadas.

3. Neurologia clínica: a IA tem sido aplicada na interpretação de sinais eletroencefalográficos (EEG) para auxiliar no diagnóstico de distúrbios neurológicos, como epilepsia e distúrbios do sono. Algoritmos de IA podem ajudar a identificar padrões anormais no EEG, auxiliando os médicos na tomada de decisões clínicas.
4. Psiquiatria: a IA tem sido utilizada para auxiliar no diagnóstico e tratamento de transtornos mentais, como depressão, transtorno bipolar e esquizofrenia. Algoritmos de IA podem analisar dados clínicos, questionários, históricos médicos e informações de sensores para fornecer *insights* sobre diagnósticos diferenciais, prognósticos e respostas a tratamentos.
5. Medicina de reabilitação: a IA pode ser aplicada na reabilitação neurológica para auxiliar na personalização de terapias e no monitoramento do progresso dos pacientes. Sistemas de IA podem analisar dados de sensores e dispositivos de reabilitação para adaptar os exercícios às necessidades individuais dos pacientes, maximizando a eficácia da reabilitação.

As projeções para o futuro do uso da inteligência artificial na neurociência e no tratamento de pacientes de saúde mental são bastante promissoras. Essa tecnologia tem o potencial de revolucionar a forma como compreendemos o cérebro humano e tratamos os distúrbios neurológicos e mentais.

Algumas projeções para o futuro envolvem diagnósticos mais precisos, tratamentos personalizados, monitoramento contínuo, intervenções terapêuticas baseadas em IA, prevenção e detecção precoce de doenças e avanços na neurociência.

No caso de precisão de diagnósticos, os algoritmos de IA podem analisar grandes quantidades de dados clínicos, imagens cerebrais, informações genéticas e outras variáveis para identificar padrões e fornecer diagnósticos mais assertivos. Isso pode levar a um tratamento mais eficaz e personalizado para os pacientes.

Além disso, com a análise de dados de pacientes individuais, a IA pode identificar padrões de resposta a diferentes terapias e medicamentos, permitindo um tratamento mais direcionado e efetivo.

A IA também pode ajudar no monitoramento contínuo de pacientes com distúrbios neurológicos e mentais. Sensores e dispositivos vestíveis podem coletar dados em tempo real sobre o estado do paciente, como padrões de sono, atividade cerebral e comportamento. Algoritmos de IA podem analisar esses dados e fornecer *insights* sobre o progresso do tratamento, ajudando os médicos a fazer ajustes quando necessário.

Outra possibilidade da IA são as intervenções terapêuticas, com terapias e assistentes virtuais inteligentes. Essas intervenções podem fornecer suporte contínuo aos pacientes e terapia cognitivo-comportamental automatizada, além de ajudar na regulação emocional.

Ela também pode atuar na prevenção e detecção precoce. Algoritmos de IA conseguem analisar dados de diferentes fontes, como registros de saúde eletrônicos, redes sociais e dispositivos de monitoramento, para identificar sinais precoces de risco e fornecer intervenções preventivas.

Por fim, na neurociência a IA pode acelerar os avanços na compreensão do cérebro humano. Algoritmos de IA podem analisar grandes conjuntos de dados neurocientíficos, como imagens cerebrais e registros neuronais, para identificar padrões complexos e relacionamentos entre diferentes áreas do cérebro. Isso pode levar a descobertas científicas significativas e a um maior entendimento dos mecanismos subjacentes aos distúrbios neurológicos e mentais.

É importante ressaltar que, apesar das promessas, é necessário garantir a ética e a segurança no uso da IA na neurociência e no tratamento de pacientes de saúde mental. É fundamental que haja transparência, supervisão médica adequada e consideração dos aspectos éticos, de privacidade e segurança dos dados. Trazemos aqui o impacto da internet, com cujo advento se imaginou a disponibilidade do conhecimento a todos, permitindo a evolução de vários aspectos da nossa sociedade — e hoje temos as redes sociais com seus algoritmos que incentivam a polarização da sociedade, o consumismo e as fake news. Essas considerações são importantes para garantir a ética e a responsabilidade no desenvolvimento e uso da IA, especialmente quando se trata de saúde mental e bem-estar. A seguir, abordaremos alguns pontos de atenção que o uso da IA nos traz.

O primeiro deles é o viés algorítmico. Os algoritmos das redes sociais são projetados para maximizar o engajamento dos usuários, o que pode levar à criação de bolhas de informação e à polarização de opiniões. Isso pode ter impactos negativos na saúde mental das pessoas, contribuindo para o aumento da desinformação, de discursos de ódio e de visões extremistas. Ao desenvolver IAs para a neurociência, é fundamental garantir que esses algoritmos não perpetuem tais tendências, visando à promoção de um ambiente saudável e inclusivo.

Outro ponto de atenção é a diversidade de opiniões. O desenvolvimento de IAs dedicadas à neurociência deve levar esse aspecto em consideração, sendo projetados para fornecer informações equilibradas e abrangentes e evitando a tendência de reforçar visões polarizadas ou extremas. É importante garantir que as IAs forneçam uma visão imparcial e baseada em evidências, promovendo um diálogo construtivo e respeitoso.

Temos também as questões da transparência e da explicabilidade, uma vez que os algoritmos usados nas redes sociais geralmente são opacos, o que dificulta a compreensão de como as informações são apresentadas aos usuários. No contexto da neurociência, é importante que as IAs sejam transparentes e explicáveis, ou seja, os médicos e pesquisadores devem ser capazes de entender e explicar como as decisões são tomadas. Isso permite maior confiança nas recomendações e nos *insights* fornecidos por elas.

Ademais, há a questão da proteção da privacidade e dos dados, pois as redes sociais coletam enorme quantidade de dados pessoais dos usuários, o que pode ser preocupante em termos de privacidade. No desenvolvimento das IAs para a neurociência, é essencial garantir a proteção adequada da privacidade e dos dados dos pacientes. Para tal, é importante haver conformidade com as regulamentações de proteção de dados e implementação de medidas de segurança robustas para evitar o acesso não autorizado ou o uso indevido das informações.

Por fim, lembramos a importância da abordagem multidisciplinar para lidar com as complexidades relacionadas à influência das redes sociais e seus algoritmos polarizantes. Isso envolve a colaboração entre especialistas em neurociência, ética, ciência da computação, psicologia e outras áreas relevantes. Juntos, eles podem desenvolver diretrizes éticas e melhores práticas que garantam o uso responsável e benéfico da IA na neurociência.

É importante destacar que a conscientização dessas questões é fundamental, mas ainda há muito trabalho a ser feito para enfrentar esses desafios de maneira eficaz. O desenvolvimento ético e responsável das IAs dedicadas à neurociência requer um compromisso contínuo com a transparência, a diversidade de perspectivas e a proteção dos direitos e bem-estar dos pacientes.

Como psiquiatra, é importante ter alguns cuidados específicos ao utilizar ferramentas de inteligência artificial na análise de pacientes. O primeiro deles é compreender os limites dessa tecnologia, pois é fundamental reconhecer que a IA é uma ferramenta de apoio à decisão clínica e não substitui a avaliação realizada pelo psiquiatra. Ela pode fornecer *insights* valiosos, mas é o profissional de saúde mental que tem o conhecimento especializado para interpretar e aplicar essas informações de forma adequada.

Além disso, antes de confiar plenamente nos resultados gerados pela IA, é necessário validar as informações obtidas e considerar o contexto clínico do paciente. A IA pode fornecer uma perspectiva adicional, mas a análise deve ser integrada aos dados clínicos, ao histórico do paciente, ao exame físico e a outros fatores relevantes.

Há também que se considerar a limitação dessa tecnologia, pois ela pode ser afetada por vieses e limitações nos dados utilizados para treinamento. Os psiquiatras devem estar cientes dessas limitações e considerar cuidadosamente a qualidade dos dados e a representatividade da população utilizada para treinar os algoritmos.

Assegurar a privacidade e a confidencialidade dos dados é outro aspecto relevante. Isso inclui adotar medidas de segurança para proteger as informações sensíveis e cumprir as regulamentações e diretrizes de proteção de dados.

O médico também deve avaliar a validade clínica da ferramenta de IA, ou seja, sua capacidade de fornecer resultados precisos e confiáveis. Isso envolve revisar estudos científicos e evidências que validem a eficácia e a acurácia da ferramenta em um contexto clínico específico.

Além disso, é fundamental estudar como a ferramenta de IA pode ser integrada ao fluxo de trabalho clínico existente. Ela deve ser compatível com os sistemas e registros eletrônicos de saúde utilizados, permitindo uma interação eficiente e adequada com as informações do paciente.

Por fim, é preciso manter o papel ativo na relação médico-paciente, não permitindo que a IA substitua a interação humana. É importante que o psiquiatra mantenha um envolvimento ativo no tratamento, promovendo uma comunicação clara, empatia e suporte emocional aos pacientes.

É fundamental acompanhar de modo contínuo os resultados gerados pela IA e avaliar sua eficácia e segurança. Os psiquiatras devem estar abertos a feedbacks e ajustes, sempre levando em consideração a ética e a qualidade do atendimento.

Outro cuidado importante é, ao utilizar ferramentas de IA, informar ao paciente sobre como os resultados foram obtidos e como serão utilizados em seu tratamento. É fundamental envolver o paciente na tomada de decisões e garantir seu consentimento informado.

Atuar de acordo com as diretrizes éticas e regulamentações ao uso de IA na prática clínica também é necessário. Isso inclui respeitar a privacidade dos pacientes, agir de acordo com os princípios de beneficência e não maleficência e garantir a transparência e a responsabilidade na utilização dessa ferramenta.

Legislação e regulação de dados médicos

As diretrizes éticas e regulamentações relacionadas ao uso de inteligência artificial na prática clínica podem variar de acordo com o país e a região. É recomendado que o médico consulte as diretrizes e regulamentações locais, bem como as orientações emitidas por organizações médicas e reguladoras, para obter diretrizes mais detalhadas e atualizadas sobre o uso de ferramentas de IA na prática médica.

No entanto, algumas referências globais podem ser consideradas como guias para orientar o uso ético da IA na área médica:

1. Declaração de Princípios de Inteligência Artificial da Organização para Cooperação e Desenvolvimento Econômico (OCDE): a OCDE publicou uma declaração que estabelece princípios gerais para o desenvolvimento e uso responsável da IA. Esses princípios incluem respeito aos direitos humanos, transparência, responsabilidade, robustez e segurança, privacidade e governança.
2. Regulamento Geral de Proteção de Dados (GDPR): o GDPR é uma regulamentação da União Europeia que abrange a proteção de dados pessoais. Ele estabelece diretrizes sobre a coleta, armazenamento e processamento de dados pessoais, incluindo dados de saúde. Os profissionais de saúde devem cumprir os requisitos do GDPR ao utilizar a IA para processar informações de pacientes.
3. U.S. FDA Framework for Artificial Intelligence/Machine Learning (AI/ML): a Food and Drug Administration (FDA) publicou um framework para orientar a regulamentação de dispositivos médicos que utilizam IA e aprendizado de máquina. O documento destaca a importância da segurança, eficácia e responsabilidade do desenvolvimento e uso de dispositivos médicos baseados em IA/ML.
4. AI in Healthcare: a American Medical Association (AMA) fornece orientações sobre o uso de IA na

prática clínica. Essas orientações incluem transparência e explicabilidade dos algoritmos, validação clínica dos sistemas de IA, proteção da privacidade e segurança dos dados, bem como a importância do envolvimento do médico na tomada de decisões.

5. Ethics Guidelines for Trustworthy AI: a Comissão Europeia publicou um conjunto de diretrizes éticas para a IA confiável. Essas diretrizes incluem princípios como transparência, equidade, responsabilidade, robustez e segurança. Além disso, destacam a importância da governança e da avaliação contínua dos sistemas de IA.

A privacidade de dados é uma preocupação central na era da informação, e existem várias leis e regulamentos destinados a proteger os dados médicos. No Brasil, temos a Lei Geral de Proteção de Dados (LGPD), que estabelece diretrizes para o tratamento de dados pessoais, incluindo informações de saúde. Além disso, em alguns contextos específicos, como a saúde ocupacional, podem existir regulamentações adicionais, como as Normas Regulamentadoras (NRs) no Brasil ou as diretrizes da Occupational Safety and Health Administration (OSHA) nos Estados Unidos. É essencial que os médicos estejam cientes das leis e regulamentos relevantes em sua jurisdição e atuem de acordo com eles para garantir a conformidade e a proteção adequada dos dados médicos.

Outro ponto de atenção são o compliance[3] e a conformidade com as normas de proteção de dados, fundamentais para garantir a ética no uso e tratamento dos dados médicos. Isso inclui a implementação de medidas técnicas e organizacionais para garantir a segurança e a privacidade dos dados, como a criptografia, o controle de acesso e a proteção contra violações. Além disso, é necessário estabelecer processos objetivos para obter consentimento informado dos pacientes, gerenciar solicitações de acesso aos dados, lidar com violações de segurança e responder adequadamente a incidentes. Os médicos devem estar comprometidos com a conformidade e buscar a atualização constante em relação às melhores práticas de proteção de dados.

As organizações médicas desempenham um papel crucial na defesa de padrões éticos e na promoção da proteção dos dados médicos. Elas podem desenvolver diretrizes específicas e códigos de conduta para orientar os médicos em relação ao uso ético dos dados. Além

3 Compliance é um termo que se refere ao cumprimento de leis, regulamentos, normas internas e externas, códigos de conduta e padrões éticos em uma organização. [N. E.]

disso, essas organizações podem trabalhar em conjunto com os legisladores e reguladores para garantir que as leis e regulamentos reflitam adequadamente as necessidades e os desafios éticos enfrentados na Era da Informação. Elas também podem fornecer treinamentos e recursos para capacitar os médicos a lidar de maneira ética com os dados, promovendo a conscientização sobre a importância da privacidade e da ética na prática clínica.

O papel dos médicos psiquiatras e médicos de saúde ocupacional na proteção dos dados

Os profissionais da saúde desempenham um papel fundamental na proteção dos dados de seus pacientes ao garantir a segurança e confidencialidade das informações e respeitar leis e regulamentos relevantes. Além disso, é responsabilidade do profissional obter o consentimento informado dos pacientes para a coleta, armazenamento e uso de seus dados. O médico tem a responsabilidade de se manter atualizado sobre as melhores práticas de proteção de dados e promover a conscientização entre os pacientes sobre a importância da privacidade de suas informações médicas.

Diante das rápidas mudanças na tecnologia e na disponibilidade de dados, é fundamental que os psiquiatras e os médicos de saúde ocupacional reflitam sobre as implicações éticas de suas práticas. Adotando uma abordagem reflexiva e crítica em relação ao uso de dados, levando em consideração os princípios éticos e os direitos dos pacientes. É importante buscar o equilíbrio entre o uso benéfico dos dados para melhorar a prática clínica, bem como a pesquisa, e a proteção da privacidade e dos direitos dos pacientes. A adoção de práticas éticas na Era da Informação é essencial para manter a confiança e a integridade da profissão médica.

O TRABALHO PROTEGE

SAÚDE MENTAL É CHAVE PARA ENGAJAMENTO

Pedro Shiozawa

"It's not about the destination, it's about the journey."
Aerosmith

O conceito de que o trabalho protege, defendido fortemente por autores do final do século XX, destaca nossa atividade profissional como a melhor forma de bem-estar que poderíamos alcançar para nós mesmos, nossas famílias e a comunidade (Rodriguez *et al.*, 1997). É sob essa máxima que olhamos para o ambiente corporativo em nosso time de consultoria, percebendo o trabalho como uma fonte de possibilidades para a autorrealização de cada um. No entanto, para que o trabalho exerça essa função de herói em nossa rotina, e não seja um detrator, diversos cuidados devem ser continuamente revisitados, tanto na dimensão do próprio trabalho e suas relações quanto em questões de ordem mais individual de cada colaborador.

Muitas pesquisas têm endereçado os pilares fundamentais sobre os quais as relações de trabalho devem ser edificadas a fim de alcançarmos esses ambientes otimizados para um maior engajamento dos colaboradores (Maslach; Leiter, 2008), e apesar de não haver um modelo *one size fits all*[4], a seguir gostaria de discutir brevemente os seis pontos centrais que, no nosso entender, devem estar na pauta de todo gestor que busca otimizar seu ambiente corporativo de maneira mais assertiva.

1. Realização

De acordo com Karasek (1979), há uma relação forte entre a insatisfação no trabalho e o índice de tensão, e, para a maioria dos trabalhadores, baixas cargas de trabalho estão associadas a mais satisfação (embora esta também aumente à medida que há mais pressão pelo cumprimento das atividades junto a grande exigência intelectual, sendo o oposto verdadeiro). De modo semelhante, o grau de atividade do trabalho (se ativo ou passivo) também é um componente importante da satisfação. O modelo controle-demanda de Karasek mostra

4 "Tamanho único", no sentido de bom para todos. [N. E.]

que há uma covariação entre o nível de atividade do trabalho e os indicadores de satisfação e de depressão, de tal modo que trabalhos ativos se associam a mais satisfação e menos depressão; e trabalhos passivos, a menos satisfação e mais depressão. Nas situações descritas como trabalho ativo, além de haver mais satisfação com as atividades profissionais realizadas, há o que se pode chamar de "bom estresse", no qual a pessoa tem motivação e consegue aprender novas competências.

Recordo-me de um primo que, quando criança, ao ser indagado sobre o que queria ser quando crescesse, respondeu sem pestanejar: "Aposentado". Para além da crença popular de que um cenário de bem-estar advém de situações de baixa demanda e alta recompensa, sabemos já há muito tempo que a sensação de realizar algo, de alcançar um objetivo de maneira otimizada, garante mais satisfação pessoal e profissional do que desconfiava meu jovem primo. Nessa balança entre demanda e recompensa, o ponto de equilíbrio repousa de um lado sobre a adoção de metas factíveis, ainda que desafiadoras, e de outro sobre a garantia de adequado ferramental e suporte para as equipes que buscarão atingir seus objetivos. As metas e a cobrança profissional são dinâmicas e também devem ser os recursos, capacitações e suporte às pessoas.

2. Reconhecimento

Reconhecimento é um dos principais propulsores de engajamento profissional. Estudos científicos têm apontado para o fato do ser humano agir de maneira otimizada ao se sentir reconhecido (Michaelsen; Esch, 2021). Práticas voltadas a essa questão são fundamentais no desenvolvimento de melhores ambientes de trabalho. De promoções claras a premiações internas ou feedbacks mais frequentes, temos em nossa rotina uma ampla gama de oportunidades a partir das quais podemos reconhecer nosso time. Em nossas pesquisas em diferentes empresas, temos observado que, mesmo nos ambientes com níveis mais altos de engajamento e satisfação profissional, sempre há oportunidade de otimizar ainda mais o engajamento dos colaboradores com práticas voltadas ao reconhecimento, sendo esse um pilar valioso para a gestão emocional das equipes e um tema a ser continuamente revisitado.

3. Autonomia

Excesso ou falta de autonomia podem desengajar as pessoas. De acordo com características individuais ou situações distintas na vida corporativa, a necessidade de autonomia dos times tende a oscilar, e é importante estarmos atentos a essas necessidades se quisermos os melhores resultados. Tomemos por exemplo o cenário de mudanças estruturais na empresa. Nesse cenário novo marcado por incerteza, possivelmente haverá menos necessidade de autonomia, e as pessoas se sentirão mais protegidas por protocolos mais objetivos e regras bem definidas. Já em situações mais rotineiras, em que já tenhamos maior habilidade e familiaridade, o excesso de regras pode ser ruim e transmitir uma sensação de falta de confiança ou liberdade para tomadas de decisão.

4. Relacionamento

A maior parte de nós que passamos pela pandemia de Covid-19 há de concordar que o relacionamento entre as pessoas numa equipe é fator de proteção emocional. O relacionamento interpessoal, as trocas de ideias e o olhar para o próximo são ferramentas que nos auxiliam tanto no desenvolvimento de projetos quanto no equilíbrio pessoal. Entender como anda a demanda por relacionamento em um time pode, por exemplo, apoiar a decisão sobre o melhor formato de trabalho para determinado time — ou mesmo sobre a necessidade de eventos presenciais.

5. Propósito

Sabidamente, ter um propósito na vida é algo que nos dá mais bem-estar e pode mesmo melhorar nossa saúde física e mental. Na verdade, um interessante estudo médico demonstrou que pessoas que referiam ter um propósito de vida, independente de qual fosse, apresentavam menor risco de doenças cardiovasculares, como infarto do miocárdio ou acidente vascular cerebral (Kim *et al.*, 2019). A presença de um propósito não precisa ser algo partilhado por todos e de fato deve trazer significado para a pessoa que o carrega, independentemente de fazer ou não sentido para os demais. Por exemplo, o propósito de um colaborador pode ser ganhar mais dinheiro; o de outro, que seu filho tenha sucesso acadêmico; e assim por diante. Estimular os membros das equipes a refletir e buscar revisitar seu propósito pode ajudar sobremaneira a engajar as pessoas rumo aos melhores resultados.

6. Justiça

A percepção do ambiente de trabalho como justo é fonte de engajamento profissional. Certamente nos sentimos mais motivados a produzir quando as condições ao nosso redor são mais favoráveis. Características de personalidade intrínsecas a cada um de nós influenciam em nossa habilidade de engajamento (Piotrowski *et al.*, 2021), por exemplo: baixo neuroticismo, alta extroversão e flexibilidade; mas independentemente dessas características individuais, contar com uma percepção de justiça em nosso ambiente de trabalho pode otimizar nosso crescimento pessoal e profissional.

O complexo *continuum* que separa o engajamento do esgotamento é um desafio diário para qualquer ambiente de trabalho. Ao endereçarmos os seis pilares citados, temos, no entanto, uma sugestão de caminho para trilharmos rumo à construção de um ambiente que possa ser mais protetor para as pessoas. É evidente a relação entre esse processo de construção de um ambiente mais engajado e as questões da saúde emocional das pessoas. Na verdade, sabemos que, se o trabalho deve nos proteger, a edificação desse herói é um desafio que deve ser norteado pela alocação da saúde mental como parte da cultura da empresa.

O *to-do-list* para uma cultura efetiva em saúde mental

O desenvolvimento de uma cultura no local de trabalho que valorize a saúde mental não precisa ser um bicho de sete cabeças, ao contrário do que podemos pensar num primeiro momento. A adoção de um processo estruturado para o desenvolvimento dessa cultura é uma ideia a ser considerada se quisermos alcançar os resultados mais eficazes. Para isso, em nossa consultoria contamos com oito modalidades que auxiliam nesse processo e que iremos discutir brevemente nesta seção.

1. Mapeamento

Identificar através de indicadores características das diferentes equipes é um ponto-chave para a construção de cultura em saúde mental. Marcadores de negócios, indicadores relacionados a satisfação e produtividade, questões direcionadas à dinâmica de trabalho e variáveis comportamentais e cognitivas, como nível de estresse, resiliência e engajamento, são algumas dessas possibilidades. Mapear os diferentes cenários e as diferentes equipes pode trazer um panorama da realidade da empresa e de suas características mais especificas. Diferentes equipes tendem a apresentar características bastante distintas, ainda que inseridas dentro de uma mesma cultura organizacional, e é justamente o entendimento dessas características que facilita e apoia a tomada de decisão e a individualização das estratégias de ação.

2. Capacitação para liderança

A liderança está no centro dos esforços de capacitação das organizações. É ela que irá cascatear de maneira mais eficiente as diferentes temáticas e ferramentas apreendidas. Sem alinhamento com os diferentes níveis de gestão, não é possível validar na prática a implementação de estratégias em saúde mental. Esses treinamentos e essas capacitações devem ter foco bastante prático e evitar permanecer no campo conceitual. A geração de manuais e o uso de casos simulados como fazemos em nossa consultoria têm trazido uma percepção mais "mão na massa", de modo que os liderados se sintam habilitados e confiantes em abordar diferentes temas em saúde mental no final das contas.

3. Suporte especializado

Tem sido uma experiência muito positiva na Jungle®, o apoio de nosso time médico às lideranças. Após as capacitações, os líderes podem entrar em contato e passar por mentorias sobre como lidar de maneira mais eficaz com diferentes cenas do dia a dia do trabalho, por exemplo, no caso de um colaborador que tenha apresentado uma crise de ansiedade ou outro que esteja num cenário de luto. A ideia por trás desse processo de mentoria é instrumentalizar o líder e incentivá-lo a assumir seu papel central na criação de um ambiente em que as pessoas possam levantar a mão e pedir ajuda. Não se trata de transformar líderes em psicólogos ou psiquiatras, e sim de situar a liderança no centro da gestão emocional de suas equipes, de modo a viabilizar um ambiente de segurança psicológica real e com menos estigma.

4. Curadoria de conteúdo

Em tempos de tantas informações, é imprescindível que possamos nos pautar e aprender com conteúdos científicos relevantes e de qualidade. Para tanto, todo acesso a informações em saúde mental deve ser oferecido por profissionais e empresas capacitados para tanto. É um erro comum observarmos palestrantes falando sobre temas diferentes sem real proficiência para tanto. Por exemplo, não são raros os episódios em que uma figura pública famosa assume o papel de treinar lideranças sobre temas como ansiedade ou depressão, alegando como validação teórica para isso o fato de ter sido ela mesma acometida pela doença em questão. Uma vez que se abre a oportunidade para a conscientização, treinamento ou encontro sobre um tema em saúde mental, é fundamental que este seja abordado da maneira mais eficiente possível, a fim de conscientizar as pessoas e trazer impacto em sua rotina de maneira real. Uma mente que se abre a uma nova ideia pode demorar a se preocupar com esse tema de novo se a abordagem inicial ocorrer de maneira etérea ou com pouco significado prático.

Além da questão da qualidade de conteúdo, o formato também é essencial. Diferentes modelos de informação devem ser usados, desde palestras a vídeos e material para consulta. Algumas estratégias de gamificação têm sido usadas para estimular as pessoas a consumir conteúdos de maneira mais perene e sustentada, bem como envolver os times na sugestão de temas para posterior elaboração de conteúdos com significado para os diferentes grupos.

5. Rodas de conversa

Uma prática bastante importante no desenvolvimento de cultura em saúde mental tem sido o uso de grupos focais com rodas de conversa para abordar diferentes temas de interesse. Esses encontros podem, por exemplo, funcionar para escutar os colaboradores em momentos de reestruturação na empresa e auxiliar no desenvolvimento de planos de ação baseados nas demandas da própria equipe, ou podem ainda estar mais focados em temas de interesse (por exemplo, para abordar questões como reconhecer sintomas de ansiedade, saber dar feedbacks complexos, ter inteligência emocional, entender temas como insônia, procrastinação ou desafios para o alcance de metas). Contar com a expertise de um especialista no tema a ser debatido garante mais qualidade na intervenção e também endereça preocupações que as pessoas eventualmente têm referentes a questões como confidencialidade e sigilo daquilo que se partilha no grupo.

6 Treinamentos *on demand*

Recorrer à educação continuada em programas perenes de treinamento é uma prática amplamente aceita no mundo organizacional. Lembrando que, para além de capacitações de liderança, workshops para atualização do time de saúde ocupacional, participação em dinâmicas e produção de treinamentos para a Semana Interna de Prevenção de Acidentes de Trabalho (SIPAT) são outras iniciativas que devem ocorrer em caráter continuado na empresa, sempre envolvendo temas da saúde mental e destacando a relevância deles como estruturais na cultura da organização.

7. Comunidade

A troca de ideias e a realização de benchmarkings[5] com empresas que estejam desenvolvendo internamente a cultura de saúde mental são estratégias bastante agregadoras. O pertencimento a uma comunidade com foco na troca de experiências e no debate de ideias ajuda sobremaneira na validação de conteúdos e na cocriação de projetos. A participação em alguma comunidade pautada na colaboração e no aprendizado facilita a disseminação de valores e acelera a inovação, sendo um agente fundamental na gestão da cultura organizacional.

8. Certificação

O reconhecimento do ambiente organizacional através de um selo ou certificação em saúde mental é um valor que empodera a cultura de bem-estar da empresa. Comunicar para o próprio time e para o mercado que os esforços individuais e coletivos da empresa são validados por consultorias com metodologias bem estabelecidas é não apenas motivo de orgulho como também um motivador para outras empresas desenvolverem seu olhar em saúde mental. Na Jungle® temos a certificação em saúde mental três estrelas, que se baseia em nossa

---

5 Método comparativo para avaliar determinado processo. [N. E.]

metodologia com raízes profundas na neurociência e aborda diferentes segmentos e áreas de atuação das organizações.

Tudo somado, o trabalho pode e deve ser visto como um herói em nossas vidas devido à sua influência positiva no crescimento pessoal, no progresso social e no bem-estar de indivíduos e comunidades. É essencial promover um ambiente de trabalho saudável que valorize e respeite as contribuições da força de trabalho, ao mesmo tempo que garante uma abordagem sustentável e equilibrada para a integração entre trabalho e vida pessoal. Essa construção não acontece sem que tenhamos desenvolvido uma cultura real em saúde mental no ambiente organizacional. Se as pessoas são o bem mais valioso de qualquer negócio, olhar para nossas necessidades, respeitar nossa individualidade e garantir que possamos responder às nossas dificuldades há de ser condição *sine qua non* para o sucesso. Como costuma dizer Ruy Shiozawa, fundador de nosso ecossistema Great People, que nossos esforços possam ser melhores para nós mesmos, melhores para os negócios e melhores para a sociedade.

REFERÊNCIAS

AHMED, S. T.; FEIST, G. J. The Language of Creativity: Validating Linguistic Analysis to Assess Creative Scientists and Artists. *Front. Psychol.*, San Jose, v. 12, 19 nov. 2021. Disponível em: https://www.frontiersin.org/articles/10.3389/fpsyg.2021.724083/full. Acesso em: 27 jul. 2023.

BRUNZE, J. Linguistic cues of chief executive officer personality and its effect on performance. *Managerial and Decision Economics*, v. 44, 29 jun. 2022, p. 215--243. Disponível em: https://onlinelibrary.wiley.com/doi/10.1002/mde.3676. Acesso em: 27 jul. 2023.

DINIZ, Daniela. *25 anos da história da gestão de pessoas e negócios nas Melhores Empresas para Trabalhar*. São Paulo: Primavera Editorial, 2022.

HELMREICH, R. L.; SEXTON, J. B. Analyzing cockpit communications: the links between language, performance, and workload. *Human Performance in Extreme Environments*, 5, out. 2000, p. 63-68.

HISTÓRIA da medicina do trabalho. ANAMT (Associação Nacional de Medicina do Trabalho), São Paulo, [2003?]. Disponível em: https://www.anamt.org.br/portal/historia-da-medicina-do-trabalho/. Acesso em: 27 jul. 2023.

IGER, Robert. *Onde os sonhos acontecem: meus 15 anos como CEO da The Walt Disney Company*. São Paulo: Intríseca, 2020.

KARASEK, R. A. Job Demands, Job Decision Latitude, and Mental Strain: Implications for Job Redesign. *Administrative Science Quarterly*, v. 24, n. 2, 1979, p. 285-308. Disponível em: http://www.jstor.org/stale/2392498. Acesso em: 1 fev. 2018.

KIM, E. S.; DELANEY, S. W.; KUBZANSKY, L. D. Sense of Purpose in Life and Cardiovascular Disease: Underlying Mechanisms and Future Directions. *Curr. Cardiol. Rep.*, v. 21, n. 11, out. 2019, p. 135.

LEMBKE, Anna Dra. *Nação dopamina*: por que o excesso de prazer está nos deixando infelizes e o que podemos fazer para mudar. São Paulo: Vestígio, 2022.

LICHOTTI, Camille. Brasil pode ser o segundo do mundo em Burnout. *Piauí*, Rio de Janeiro, 4 mar. 2023. Disponível em: https://piaui.folha.uol.com.br/brasil-pode-ser-o-segundo-do-mundo-em-bunout/. Acesso em: 27 jul. 2023.

MASLACH, C.; LEITER, M. P. Early predictors of job burnout and engagement. *J. Appl. Psychol*, maio 2008, v. 93, p. 498-512.

MENTAL health at work. World Health Organization, Geneva, 18 set. 2022. Disponível em: https://www.who.int/news-room/fact-sheets/detail/mental-health-at-work. Acesso em: 27 jul. 2023.

MICHAELSEN, M. M.; ESCH, T. Motivation and reward mechanisms in health behavior change processes. *Brain Res.*, v. 1757, n. 5, 15 abr. 2021.

PENCAVEL, John. *The Productivity of Working Hours*. Palo Alto: Stanford University and IZA, 2014.

PFEFFER, Jeffrey. *Dying for a Paycheck – How Modern Management Harms Employee Health and Company Performance – and What We Can Do About It*. Nova York: Harper Business, 2018.

PIOTROWSKI, A.; RAWAT, S.; BOE, O. Effects of Organizational Support and Organizational Justice on Police Officers' Work Engagement. *Front Psychol.*, v. 12, 21 jun. 2021.

RODRIGUEZ, E.; LASCH, K.; MEAD, J. P. The potential role of unemployment benefits in shaping the mental health impact of unemployment. *Int. J. Health Serv.*, Londres, v. 27, 1997, p. 601-623.

SÁNCHEZ, Álvaro. O escândalo de funcionários do Goldman Sachs que trabalham 95 horas por semana: "Não consigo dormir". *El País*, Madri, 19 mar. 2021. Disponível em: https://brasil.elpais.com/internacional/2021-03-19/o-escandalo-de-funcionrios-do-goldman-sachs-que-trabalham-95-horas-por-semana-nao-consigo-dormir.html. Acesso em: 27 jul. 2023.

SLATCHER, R. B.; VAZIRE, S.; PENNEBAKER, J. W. Am "I" more important than "we"? Couples' word use in instant messages. *Personal Relationships*, v. 15, 2008, p. 407-424.

[WHO] WORLD HEALTH ORGANIZATION. *Mental Health at Work: Policy Brie*f. Genebra: World Health Organization/Internation Labour Organization, 2022. Disponível em: https://www.who.int/publications/i/item/9789240057944. Acesso em: 27 jul. 2023.

Equipe editorial: Lu Magalhães, Larissa Caldin e Joana Atala
Edição de texto: Marina Montrezol
Revisão: Jacob Paes
Projeto Gráfico: Manuela Dourado
Diagramação e Capa: Editorando Birô

Dados Internacionais de Catalogação na Publicação (CIP)
(Câmara Brasileira do Livro, SP, Brasil)
Angelica Ilacqua CRB-8/7057

O trabalho protege. — São Paulo : Primavera Editorial, 2023.
184 p.

ISBN 978-85-5578-141-4

1. Trabalho – Aspectos psicológicos 2. Trabalhadores - Saúde mental 3. Estresse ocupacional 4. Jungle®

2349-74 CDD 158.7

Índices para catálogo sistemático:
1. Trabalho – Aspectos psicológicos

PRIMAVERA
EDITORIAL

Av. Queiroz Filho, 1560 – Torre Gaivota Sl. 109
05319-000 – São Paulo – SP
Telefone: + 55 (11) 3034-3925
+ 55 (11) 99197-3552
www.primaverabiz.com.br
contato@primaveraeditorial.com